KB142700

프로그래밍 입문자를 위한
자바스크립트

이성욱·장종준 共著

21세기사

이 도서의 국립중앙도서관 출판예정도서목록(CIP)은 서지정보유통지원시스템 홈페이지(http://seoji.nl.go.kr)와 국가자료공동목록시스템(http://www.nl.go.kr/kolisnet)에서 이용하실 수 있습니다.(CIP제어번호: CIP2016018483)

머리말

자바스크립트가 웹에서 약간의 동적인 효과를 만들어 내는 액세서리와 같은 용도로만 인식되던 시설이 있었습니다. 하지만 웹에서 즉각적인 상호작용을 가능하게 하는 AJAX 기술이 발전하고 플래시를 대체하는 사용자 인터페이스 기술이 필요해짐에 따라 현재는 웹 프로그래밍에서 빼놓을 수 없는 중요한 자리를 차지하는 언어가 되었습니다.

필자는 몇 년간 대학에서 자바스크립트 강의를 하면서 많은 교재들을 검토해 보았고 그 중 일부는 강의에 활용하기도 했지만 그 과정에서 가장 어려웠던 것은 대부분의 교재가 지나치게 많은 내용을 담고 있다는 것이었습니다.

특정 언어의 프로그래밍을 처음 배우는 입문서와, 두고두고 프로그램을 작성할 때 사용하는 참고서는 분리되어야 한다는 것이 필자의 생각입니다. 그런데 입문서에 지나치게 많은 내용을 담아 놓음으로 인해 처음 프로그래밍을 공부하는 학생들에게 큰 부담을 주고, 이것이 결국 프로그래밍 자체를 포기하게 만드는 것을 자주 보아왔습니다.

그리고 이러한 문제에 대한 필자의 해결책은, 입문 단계에서는 핵심적인 것만 공부하면서 그 언어로 프로그래밍 하는 것에 익숙해지는 데에 중점을 두는 것입니다. 기초만 어느 정도 완성이 되고 나면, 세세하고 복잡한 것들은 나중에 관련 사이트나 참고서를 활용하여 그때그때 필요한 부분을 찾아 얼마든지 해낼 수 있기 때문입니다. 특히 아직까지 능수능란하게 다룰 수 있는 프로그래밍 언어가 없는 프로그래밍 입문자일수록 이런 방식으로 접근하는 것이 바람직하다고 필자는 믿고 있습니다.

이 책은 그런 생각을 가지고 만들어진 자바스크립트 프로그래밍 입문서입니다. 이 책은 프로그래밍 언어에 대한 경험이 아예 없거나 대학에서 한 학기 정도 기초적인 프로그래밍 교육을 막 받은 사람을 대상으로 써진 것입니다. 책을 쓰는 내내 고민했던 것은 "얼마나 많은 내용을 빠짐없이 넣을까"가 아니라, "어디까지 얘기하고 어느 부분은 빼내야 프로그래밍 입문자가 중간에 좌절하지 않을까"하는 것이었습니다.

이러한 이유로 인해 이 책을 끝까지 다 읽었다는 것이 자바스크립트 공부의 끝을 의미하는 것은 아닙니다. 책을 다 읽고 나서 본격적으로 실무에 사용할 수 있는 프로그램을 작성하다 보면, 많은 다른 자바스크립트 활용서나 웹 사이트들에서 필요한 부분을 찾아 읽고 공부해야만 할 것입니다. 하지만 자바스크립트라는 언어를 잘 이해하고 기초가 탄탄하다면 그 때의 공부는 그리 힘들지는 않을 것입니다. 이 책이 자바스크립트에 막 입문한 여러분에게 그런 기초를 만들어 주는 좋은 친구가 되기를 바랍니다.

필자

차 례

01 자바스크립트 기초

자바스크립트(JavaScript)는 동적인 웹 페이지를 만들기 위해 웹 브라우저 위에서 실행되도록 만들어진 프로그래밍 언어이다. 자바스크립트는 본래 넷스케이프 커뮤니케이션즈 코퍼레이션(Netscape Communications Corporation)에서 모카(Mocha)라는 이름으로 개발되었으며, 나중에 라이브스크립트(LiveScript)라는 이름을 거쳐 현재의 자바스크립트라는 이름을 가지게 되었다.

과거에는 자바스크립트가 웹에서 약간의 동적인 효과를 만들어 내는 액세서리와 같은 용도로만 사용되었으나, 웹에서 즉각적인 상호작용을 가능하게 하는 Ajax(Asynchronous JavaScript and XML) 기술이 발전하고 플래시를 대체하는 사용자 인터페이스 기술이 필요해짐에 따라 현재는 웹 프로그래밍에서 빼놓을 수 없는 중요한 자리를 차지하고 있다.

이 장에서는 자바스크립트의 기본적인 특징을 파악하고 자바스크립트 프로그램을 작성/실행 하는 방법에 대해 공부한다.

◉ 자바스크립트의 특징

자바스크립트의 특징을 살펴본다.

◉ 자바스크립트 프로그램의 동작

자바스크립트 코드가 어떠한 방식으로 처리되어 웹 서비스에 사용되는지를 이해한다.

◉ 자바스크립트 프로그램의 작성과 실행

자바스크립트 프로그램을 입력하고 실행시키는 방법을 살펴본다.

1.1 자바스크립트의 특징

- 자바스크립트는 Java와는 직접적인 관계가 없는 별개의 언어이다. 흔히 자바스크립트 입문자들은 Java와 자바스크립트가 비슷하거나 같은 언어라고 생각하는데, 이것은 완전히 오해이다. Java와 자바스크립트 모두 기본 문법이 C언어에 근거하기 때문에 기본 문법이 비슷하다는 점 외에는 서로 아무런 관계가 없다.

- 자바스크립트는 스크립트(Script) 언어이다. 일반적으로 스크립트 언어는 프로그래밍 경험이 적은 사람도 손쉽게 배우고 프로그램을 작성할 수 있도록 만들어진 간이 프로그래밍 언어를 의미한다.

- 특히, 자바스크립트는 클라이언트 측(Client-side) 스크립트 언어이다. 자바스크립트는 웹 서버가 아니라 클라이언트 컴퓨터의 웹 브라우저(정확하게는 웹 브라우저 내부의 스크립트 엔진)에서 실행된다. 따라서 텍스트 에디터만 있으면 손쉽게 자바스크립트 프로그램을 작성할 수 있으며, 작성된 프로그램은 웹 브라우저에서 바로 실행할 수 있다.

- 자바스크립트 프로그램은 웹 브라우저에서 실행되므로 컴퓨터 기종이나 운영체제의 영향을 받지 않는다. 다만, 웹 브라우저의 종류나 버전에 영향을 받을 수 있다. 자바스크립트는 계속해서 새로운 버전이 개발되고 있으며, 모든 웹 브라우저가 즉시 최신 버전을 지원하는 것은 아니다. 이로 인해 자바스크립트 최신 버전에서만 지원되는 기능을 사용하여 프로그램을 작성했다면, 어떤 브라우저에서는 잘 동작하고 어떤 브라우저에서는 동작하지 않을 수 있다. 따라서 실제 자바스크립트 프로그램을 작성할 때에는 가급적 많은 수의 브라우저에서 문제없이 잘 실행되는 표준적인 기능만을 사용하는 것이 좋다.

1.2 자바스크립트 프로그램의 동작

웹 페이지를 기술하는데 사용되는 기본적인 언어는 HTML이며, 일반적으로 자바스크립트 코드는 HTML 문서 안에 포함되는 형태로 작성된다. 따라서 자바스크립트 코드를 담고 있는 HTML 문서가 어떤 과정을 통해 웹 브라우저에 표출되는지를 정확히 알고 있어야 한다.

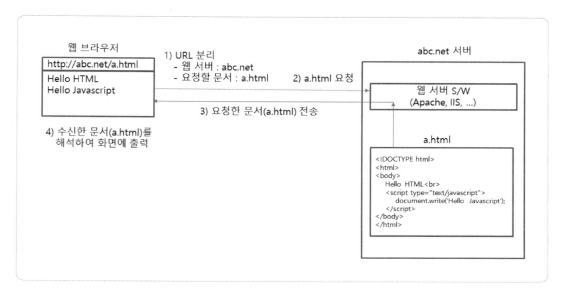

[그림 1-1] 자바스크립트를 담고 있는 HTML 파일의 처리 과정

1) 사용자가 웹 브라우저의 주소 창에 URL을 입력하고 엔터를 치면, 웹 브라우저는 URL에서 서버의 주소 부분과 그 서버에게 요청할 문서의 이름을 분리해낸다. 이 예에서와 같이 URL이 http://abc.net/a.html 이었다면, 웹 서버의 주소는 abc.net이고, 요청할 문서는 a.html이 된다.

2) 웹 브라우저는 인터넷을 통하여 abc.net 서버에게 a.html 문서를 꺼내달라고 요청한다.

3) 이 요청은 웹 서버 컴퓨터의 웹 서버 소프트웨어가 수신한다. 그리고 요청된 HTML 문서를 꺼내어 인터넷을 통해 이것을 요청한 컴퓨터로 전송한다.

4) a.html을 수신한 웹 브라우저는 이 HTML 문서를 해석하여 화면에 출력한다. 이를 위해 웹 브라우저는 먼저 〈body〉 태그 바로 아래에 있는 "Hello HTML"을 보고 이것을 화면에 출력한다. 그 다음 줄은 자바스크립트 코드가 나온다. 〈script type="text/javascript"〉와 〈/script〉 사이에 적힌 것이 자바스크립트 코드인데 브라우저 화면에

"Hello Javascript"라는 문자열을 출력하라는 의미다. 따라서 지시된 대로 화면에 문자열을 출력한다. 이 자바스크립트 코드의 의미는 뒤에서 배울 테니 여기서 모두 이해할 필요는 없다. 단지 여기서 이해해야 하는 것은, 웹 브라우저가 HTML 파일을 한 줄씩 해석해 나가다가 자바스크립트 코드를 만나면 지시된 동작을 수행한다는 것뿐이다.

이러한 동작 방식을 제대로 이해했다면, 별다른 소프트웨어가 없이도 자바스크립트 개발 환경을 구성할 수 있다는 말도 쉽게 이해가 갈 것이다. 설령 자바스크립트를 포함하고 있다 하더라도 우리가 작성할 파일은 결국 HTML 파일이다. 그리고 HTML 파일은 굳이 웹 서버에 놓지 않아도 파일의 아이콘을 더블클릭하면 바로 웹 브라우저 상에서 실행된다. 따라서 아주 특별한 상황이 아니라면 텍스트 에디터와 웹 브라우저만 가지고 자바스크립트 프로그램을 작성하고 실행시켜 볼 수 있다.

1.3 자바스크립트 프로그램의 작성과 실행

자바스크립트 프로그램을 입력하기 위해서는 프로그래밍용 에디터가 필요하다. 부득이한 경우에는 윈도우즈 운영체제에 기본적으로 포함된 메모장 프로그램을 사용할 수도 있겠지만, 본격적인 프로그래밍 작업에는 불편하다. 프로그래밍용 에디터는 여러분의 손에 익고 사용하기 편한 것을 사용하면 되겠다. 일반적으로 많이 사용되는 프로그래밍용 에디터는 EditPlus, UltraEdit, AcroEdit, DesyEdit, Notepad++ 등이 있으며, EditPlus와 UltraEdit은 쉐어웨어(Shareware), AcroEdit, DesyEdit, Notepad++는 공개 소프트웨어(Freeware)이다.

그 다음으로는 웹 브라우저를 준비해야 한다. 웹 브라우저는 윈도우즈에 기본으로 들어있는 Microsoft의 Internet Explorer를 사용할 수도 있겠지만, 윈도우즈가 아닌 운영체제에서는 사용할 수 없기도 하고 버전에 따라 달라지는 점에 워낙 많아서 처음 자바스크립트를 배우는 사람에게 혼동을 줄 수도 있다. 따라서 이 책에서는 구글(Google)의 크롬(Chrome)을 사용할 것이다. 크롬은 http://www.google.co.kr/chrome/에서 다운로드 받을 수 있으며 설치 과정에 별다르게 해주어야 하는 것이 없으므로 누구나 손쉽게 설치할 수 있다. 하지만 꼭 Internet Explorer를 사용하고 싶다면 가급적 최신 버전을 사용하기 바란다. 오래된 버전에서는 일부 예제가 정상적으로 동작하지 않을 수도 있기 때문이다.

이제 에디터와 브라우저가 준비되었으면 앞의 그림에 나왔던 프로그램인 예제 1-1을 입력해 보자. 혹시 이 책을 읽기 전 프로그래밍 언어를 하나도 배운 적이 없어서 이 프로그램의 의미가 파악되지 않는다고 해도 긴장하지 말기 바란다. 이 프로그램의 의미는 책을 읽어나가다 보면 자연스럽게 파악할 수 있을 것이다. 지금은 일단 프로그램을 입력하고 실행시키는 방법을 파악하는데 집중하자.

예제 1-1 Hello Javascript(1-1.html)

```
1: 〈!DOCTYPE html〉
2: 〈html〉
3: 〈body〉
4:    Hello HTML〈br〉
5:    〈script type="text/javascript"〉
6:        document.write('Hello Javascript');
7:    〈/script〉
8: 〈/body〉
9: 〈/html〉
```

실행결과

```
Hello HTML
Hello Javascript
```

입력이 끝나면 입력된 내용을 파일로 저장해야 한다. 저장할 때 파일의 이름은 1-1.html 또는 1-1.htm으로 하도록 한다. 사실 "1-1"이라는 파일명은 꼭 지킬 필요 없지만, HTML 파일의 확장자는 ".html" 또는 ".htm"이므로 확장자만은 정확하게 지켜주도록 한다.

저장이 되었으면 파일의 아이콘을 웹 브라우저 화면위에 끌어다 놓아서 실행할 수 있다. 만약 크롬이 기본 브라우저로 설정되어 있다면 파일의 아이콘을 더블 클릭해서도 실행할 수 있을 것이다. 그리고 위에 제시된 실행결과와 같은 화면이 나타났다면 자바스크립트가 문제없이 잘 실행된 것이다.

하지만 만약 입력을 잘 못해서 오류가 있었다면 어떻게 할까? 소스 코드를 한줄 한 줄씩 처음부터 끝까지 살펴볼 수밖에 없는 걸까? 그럴 필요는 없다. 대부분의 웹 브라우저는 HTML 파일의 오류를 찾아 보여주는 기능을 가지고 있으며, 자바스크립트의 오류도 같은 방법으로 쉽게 확인할 수 있다. 이를 시험하기 위해서 소스 코드를 일부러 틀리게 입력해보자. 예를 들어 6번 행의 맨 앞에 "d" 하나를 더 붙여서 다음과 같이 만들고 저장해 본다.

```
ddocument.write('Hello Javascript');
```

그리고 이 파일을 웹 브라우저에서 보면 "Hello HTML"라고만 출력될 뿐 다음 줄에는 아무 것도 보이지 않을 것이다. 이는 물론 6번 행에 문제가 있어서 자바스크립트 코드가 실행되지 않았기 때문이다. 대부분의 웹 브라우저는 이런 상황에서 쉽게 오류를 찾을 수 있도록 개발자 도구를 제공한다. 크롬의 경우에는 Ctrl + Shift + I를 누르면 다음과 같은 화면을 볼 수 있을 것이다.

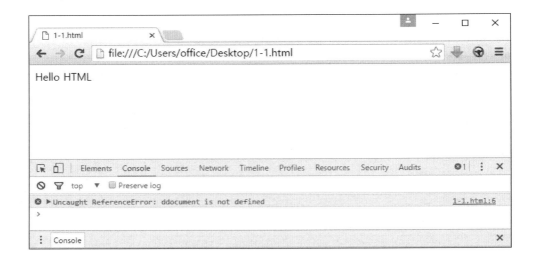

"ddocument"라는 단어에 문제가 있고 이 단어는 1-1.html의 6번 행에 있다는 것을 쉽게 확인할 수 있다. 이제 문제가 되는 부분을 수정하고 HTML 파일을 다시 저장한 뒤 새로고침을 하면 다시 문제없이 실행될 것이다.

확인학습

01　자바스크립트와 자바 언어는 어떤 관계가 있습니까?

02　자바스크립트는 어떤 환경에서 실행됩니까?

03　구글 크롬에서 자바스크립트 디버깅을 위해 개발자 도구를 띄우는 방법은 무엇입니까?

확인학습 정답

01 자바스크립트와 자바는 큰 관련이 없는 별개의 언어이다. 다만 제어문과 같은 일부 문법의
근간이 모두 C 언어이므로, 기본 문법 중 유사한 부분이 있을 뿐이다.

02 웹 브라우저 위에서 실행된다. 좀 더 정확히 말하면 웹 브라우저 내부에 존재하는 스크립트
엔진에 의해 실행된다.

03 Ctrl + Shift + I를 누른다.

연습문제

01 자바스크립트의 특징을 간단히 서술해 보시오.

02 웹 브라우저의 HTML 페이지 요청이 어떤 처리 과정을 거쳐 돌아와 화면에 표출되는지 그 과정을 설명해 보시오.

03 예제 1-1을 입력하고 실행해 보시오. 또 3절에서 설명한 것처럼 일부러 오류를 만들고 개발자 도구를 열어 오류가 정확하게 제시되는지 확인해보시오.

02 자바스크립트 기초

이 장에서는 자바스크립트 프로그래밍에 있어 가장 기초적인 사항들을 이야기 한다. 다룰 내용은 다음과 같다.

◉ 자바스크립트 프로그램의 기본 형태

자바스크립트 프로그램의 기본 형태에 대해 살펴본다.

◉ 문장과 주석

자바스크립트 문장의 형태를 파악하고, 프로그램 해석을 도와주는 주석을 작성하는 방법을 살펴본다.

◉ 화면 출력

화면에 원하는 문자열 또는 값을 출력하는 방법을 살펴본다.

2.1 자바스크립트 프로그램의 기본 형태

예제 2-1을 살펴보면서 자바스크립트 코드의 기본적인 형태를 파악하도록 하자.

```
1: <!DOCTYPE html>
2: <html>
3: <head>
4:    <title>첫 번째 자바스크립트 프로그램</title>
5: </head>
6: <body>
7:    첫 번째 자바스크립트 프로그램입니다.<br>
8:    <script type="text/javascript">
9:       document.write('3 + 5 = ');
10:       document.write(3 + 5);
11:    </script>
12: </body>
13: </html>
```

실행결과

첫 번째 자바스크립트 프로그램입니다.
3 + 5 = 8

제일 먼저 눈에 뜨이는 것은 1번 행의 <!DOCTYPE html>이다. 이것은 웹 브라우저에게 이 문서가 HTML의 최신 버전인 HTML5 표준을 따르는 문서임을 알려주는 일종의 지시어 이다. 사실 정확히는 DTD(Document Type Definition)라고 하지만 상세한 내용은 HTML 또는 웹 표준을 공부할 때 다룰 내용이므로, 여기에서는 이 정도로만 이해하고 넘어가도 아무 문제 가 없겠다. 다만 이것을 지정하지 않는 경우, 상황에 따라 특정 브라우저에서는 내가 생각 하던 것과는 다른 화면이 나타날 수도 있으므로, HTML 파일을 작성할 때는 항상 첫 줄을 <!DOCTYPE html>로 적고 시작하는 습관은 들이도록 하자.

그 다음 줄부터는 일반적인 HTML 파일의 형태와 다를 것이 하나도 없다. 단지 8번부터 11번 행에 걸쳐 자바스크립트 코드가 끼어들어가 있다는 점만 다를 뿐이다. 자바스크립트 코드는 기본적으로 HTML 파일 안에 들어가 있는 형태로 작성되며, <script>와 </script> 사이에 적어 주어야 한다. 사실 <script> 태그는 다음과 같은 3가지 형태 중 하나를 사용할 수 있다.

⊚ 〈script〉

가장 단순한 형태이지만, 이제부터 시작하는 스크립트 코드가 어떤 언어인지를 정확하게 지정하고 있지 않다. 이럴 경우 대부분의 웹 브라우저는 자바스크립트로 생각을 하지만 아무래도 명확하게 지정해주는 것이 좋을 것이다.

⊚ 〈script language="Javascript"〉

〈script〉 태그의 language 속성을 이용하여 자바스크립트 코드임을 알려주고 있으나, 권장되지 않는 형태이다. 최근의 웹 표준에서는 language 속성이 폐기되었기 때문이다. 오래 전에 작성된 자바스크립트 코드들에서 이러한 형태를 볼 수 있다.

⊚ 〈script type="text/javascript"〉

현재 가장 보편적으로 사용되는 〈script〉 태그의 형태이다. 따라서 이 교재에서는 모두 이 형태의 〈script〉 태그를 사용할 것이다.

원칙적으로 〈script〉 태그는 〈head〉 또는 〈body〉의 어느 부분에 포함되어도 상관없다. 또한 필요하다면 부분이 하나의 파일 안에 여러 번 나올 수도 있다. 하지만 여러 가지 이유들로 인해 일반적인 자바스크립트 코드는 가급적 〈body〉 요소의 마지막, 즉 〈/body〉 바로 앞에 쓸 것을 권장하고 있다. 그 이유는 자바스크립트를 공부해가면서 차차 알게 될 것이다.

지금까지의 얘기를 종합해 보면 앞으로 여러분들이 작성할 HTML 파일은 다음과 같은 형태를 가지게 될 것이다.

```
〈!DOCTYPE html〉
〈html〉
〈head〉
    헤드 파트에 들어갈 내용
〈/head〉
〈body〉
    바디 파트에 들어갈 내용
    〈script type="text/javascript"〉
```

```
        자바스크립트 코드
    〈/script〉
〈/body〉
〈/html〉
```

이러한 형태가 기본적인 것이기는 하지만, 별도의 파일에 자바스크립트 코드를 적어 넣고, 필요할 때 그 파일의 내용을 원하는 위치에 포함시키는 방법도 있다.

실제 프로그램을 작성하다보면 동일한 자바스크립트 코드를 여러 HTML 파일에서 사용해야 할 때가 생기게 된다. 이럴 때 가장 손쉬운 방법은 똑같은 코드를 복사해서 필요한 부분마다 붙여넣기 하는 방법이다. 하지만 이렇게 프로그램을 작성해 놓으면 그 자바스크립트 코드를 수정해야하는 상황이 발생했을 때 해당하는 HTML 파일을 일일이 찾아다니면서 똑같이 수정해야만 하는 상황에 부딪히게 된다.

이러한 상황을 해결하는 가장 좋은 방법은 자바스크립트 코드를 별도의 파일로 분리하는 것이다. 다음 예제를 보자. 하나의 예제이지만 두 개의 파일로 구성된다는 점에 주의해서 보기 바란다.

예제 2-2 **외부 js 파일을 사용하는 HTML (2-2.html)**

```
 1: 〈!DOCTYPE html〉
 2: 〈html〉
 3: 〈head〉
 4:    〈title〉첫 번째 자바스크립트 프로그램〈/title〉
 5: 〈/head〉
 6: 〈body〉
 7:    첫 번째 자바스크립트 프로그램입니다.〈br〉
 8:    〈script type="text/javascript" src="2-2.js"〉〈/script〉
 9: 〈/body〉
10: 〈/html〉
```

```
1: document.write('3 + 5 = ');
2: document.write(3 + 5);
```

실행결과

첫 번째 자바스크립트 프로그램입니다.
3 + 5 = 8

이 프로그램은 예제 2-1과 완전히 동일한 동작을 한다. 하지만 8번 행을 보면 〈script〉 태그에 src 속성 값이 "2-2.js"라고 지정된 것을 볼 수 있다. 웹 브라우저는 이렇게 src 속성 값이 지정된 〈script〉 태그를 만나면 지정된 파일의 내용이 〈script〉와 〈/script〉 사이에 적혀있는 것처럼 생각한다. 결국 웹 브라우저가 생각하기에 2-2.html의 내용은 결국 2-1.html과 같은 것이 된다.

이런 방법으로 자바스크립트를 외부 파일로 작성하게 되면, 이것을 몇 군데에서 사용하였든 상관없이 이 파일 하나만 수정하면 그 내용이 모두 반영되므로 나중에 관리하기가 훨씬 쉬워지게 된다.

다만 이렇게 외부 파일을 사용할 때 다음과 같은 점은 주의하도록 하자.

- 자바스크립트를 담고 있는 외부 파일의 확장자는 일반적으로 ".js"로 한다.
- 외부 자바스크립트 파일은 자바스크립트만을 담고 있어야 하므로 〈script〉 태그를 사용하지 않는다.
- src 속성을 지정한 〈script〉와 〈/script〉 사이에는 자바스크립트 코드를 적지 않는다. 혹시 적더라도 웹 브라우저는 이 코드를 무시한다.

2.2 문장과 주석

문장은 프로그램의 기본 단위가 된다. 영어 문장이 여러 개 모여 하나의 문서를 이루듯, 자바스크립트 문장이 여러 개 모여 하나의 프로그램을 구성하는 것이다.

다음 절에서 그 사용법을 자세히 다루겠지만, document.write는 웹 브라우저 화면에 무언가를 출력하라는 명령이다. 따라서 document.write('3 + 5 = ')는 화면에 '3 + 5 = '이라는 문자열을 출력하는 하나의 문장이며, 다음 줄에 나온 document.write(3 + 5)는 화면에 3 + 5의 계산결과를 출력하는 하나의 문장이다.

사실 자바스크립트는 꽤 유연한 언어이기 때문에 C나 자바 언어와 달리 문장의 끝에 세미콜론(;)을 적어주는 것이 필수는 아니다. 즉 다음의 두 문장 모두 유효한 자바스크립트 문장이다.

```
document.write(3 + 5)
document.write(3 + 5);
```

하지만 한 줄에 여러 개의 문장을 적을 때는 문장과 문장 사이에 반드시 세미콜론이 들어가야 한다. 즉, 다음과 같은 코드는 오류가 발생한다.

```
document.write('3 + 5 = ') document.write(3 + 5)
```

이 오류를 없애려면 최소한 두 문장 사이에는 세미콜론이 있어야 한다.

```
document.write('3 + 5 = '); document.write(3 + 5)
```

하지만 실제 프로그래밍을 할 때에는, 오류 발생을 미연에 방지하고 가독성을 높이기 위해서, 각 문장의 끝에는 세미콜론을 반드시 찍어주고 한 줄에는 한 문장만을 쓰는 것이 좋다.

한편, 프로그램 작성이나 수정 과정 중에 사람이 읽고 프로그램의 구성을 쉽게 파악하도록 적어두는 메모인 주석(Comment)을 사용할 수 있다. 주석이란 프로그램 실행에 아무런 영향을 끼치지 않고, 웹 브라우저는 무시하는 부분이다. 주석은 사람이 읽고 프로그램이 어떻게 작성되어 있는지 쉽게 파악하려는 목적을 위해 작성된다.

자바스크립트는 C++ 또는 자바와 마찬가지로 여러 줄 주석과 한 줄 주석을 모두 제공한다.

여러 줄 주석은 "/*"로 시작하여 "*/"로 끝나며, 그 사이에 몇 줄을 적어 넣더라도 모두 주석으로 인식된다. 즉 "/*"가 나타나면 "*/"가 나타날 때까지 모든 내용은 웹 브라우저에게 무시된다.

한 줄 주석은 "//"로 시작하여 행이 바뀌면 끝난다. 즉, "//"가 나타나면 그 줄 끝까지의 모든 내용이 웹 브라우저에게 무시된다. 다음의 예제 2-3은 예제 2-1에 두 가지 형태의 주석을 추가한 것이다.

예제 2-3 주석을 추가한 프로그램 (2-3.html)

```
 1: 〈!DOCTYPE html〉
 2: 〈html〉
 3: 〈head〉
 4:   〈title〉첫 번째 자바스크립트 프로그램〈/title〉
 5: 〈/head〉
 6: 〈body〉
 7:   첫 번째 자바스크립트 프로그램입니다.〈br〉
 8:   〈!-- 스크립트 태그 밖에서는 HTML 주석을 사용 --〉
 9:
10:   〈script type="text/javascript"〉
11:       /* 3 + 5를 계산하여
12:         출력하는 프로그램
13:       */
14:       document.write('3 + 5 = ');
15:       document.write(3 + 5);       // 결과를 출력
16:   〈/script〉
17: 〈/body〉
18: 〈/html〉
```

실행결과

첫 번째 자바스크립트 프로그램입니다.
3 + 5 = 8

이 프로그램에서 11~13행에 적힌 것이 여러 줄 주석이다. 11행의 시작 부분에 "/*"이 나왔으므로 주석이 여기부터 시작되며, 13행에 적힌 "*/"를 만날 때까지는 아무리 줄이 바

뀌어도 계속 주석으로 인식된다. 반면 15행의 문장 뒤에 "//"는 한 줄 주석을 표시한다. 이 주석은 줄이 바뀌면 자동적으로 끝나므로 "//"부터 15행의 끝까지만 주석으로 인식되는 것이다.

다만 한 가지 주의할 점은 이들 주석은 스크립트 태그 내부에서만 유효하다는 점이다. 이들 주석은 자바스크립트를 위한 주석이므로 〈script〉와 〈/script〉 사이에서만 주석으로 인지된다. 그 외부는 HTML 파트이므로 당연히 HTML 주석을 사용하여야 한다. 8번 행에 HTML 주석을 사용한 예를 보였다.

주석에 대해 좀 더 이해하기 위해 한 가지 예제를 더 보도록 하자.

예제 2-4 주석처리의 영향 (2-4.html)

```
 1: <!DOCTYPE html>
 2: <html>
 3: <body>
 4:     /* 스크립트 태그 밖에서는 자바스크립트 주석이 인식되지 않습니다. */<br>
 5:     // 이 주석도 마찬가지입니다.<br>
 6:     <script type="text/javascript">
 7:         // document.write('a');
 8:         /*
 9:         document.write('b');
10:         */
11:         document.write('c');
12:     </script>
13: </body>
14: </html>
```

실행결과

```
/* 스크립트 태그 밖에서는 자바스크립트 주석이 인식되지 않습니다. */
// 이 주석도 마찬가지입니다.
c
```

먼저 스크립트 태그의 바깥쪽에 있는 4, 5번 행을 보자. 이 두 줄은 자바스크립트의 주석 형태를 취하고 있지만 스크립트 태그 밖에 위치하므로 브라우저는 HTML 파트의 일부로 생각한다. 따라서 그대로 화면에 출력되는 것을 볼 수 있다. 그리고 그 뒤의 스크립트 코드 부분에는 3개의 문장이 있으며, 각각 a, b, c를 출력하려고 한다. 그런데 7번 행은 한 줄 주석으로, 9번 행은 여러 줄 주석으로 처리되어 있다. 따라서 7번 행과 9번 행의 문장은 실제로 동작하지 않고, 9번 행의 문장 실제로 동작하게 되어 화면에는 "c"만 나타난다.

주석은 물론 프로그램을 알아보기 쉽도록 설명을 적어주는 용도로 만들어진 것이지만, 실제 프로그램을 하는 중에도 위 예제의 7~10번 행과 같은 형태로 종종 사용된다. 즉, 프로그램을 작성하는 도중에 특정 부분의 코드를 지우고는 싶지만 나중에 다시 사용하게 될지 몰라서 아주 지워버리기는 애매한 경우가 발생하는데, 이런 때에 그 부분을 잠시 주석처리 해두었다가 나중에 필요하게 되면 주석 표시만 지워서 사용할 수 있다.

2.3 화면 출력

화면에 무언가 출력하는 것은 모든 프로그램 언어에서 가장 기본이 되는 기능이다. 자바스크립트는 웹 브라우저에서 동작하므로 웹 브라우저 위에 글자들을 출력하게 되며, 이를 위해 사용하는 명령은 document.write이다. 사실 document.write는 "명령"이라고 부르는 것은 맞지 않으며, 정확히 표현하려면 "document 객체의 write 메서드"라고 이야기해야 한다. 하지만 객체와 메서드에 대한 공부를 할 때까지는 간단하게 "무언가를 화면에 출력하라는 뜻을 가진 명령"이라고 이해하여도 아무런 문제가 없을 것이다.

예제 2-5 document.write 사용 (2-5.html)

```
1: <!DOCTYPE html>
2: <html>
3: <body>
4:    <script type="text/javascript">
5:        document.write('화면 출력 예제<br><br>');
```

```
 6:
 7:        document.write('따옴표 출력 : ₩'<br>');
 8:
 9:        document.write('숫자 출력 : ');
10:        document.write(15);
11:        document.write('<br>');
12:
13:        document.write('계산 결과 출력 : ');
14:        document.write(3 + 7);
15:        document.write('<br>');
16:    </script>
17: </body>
18: </html>
```

화면 출력 예제

따옴표 출력 : '
숫자 출력 : 15
계산 결과 출력 : 10

document.write의 사용 방법은 간단하다. 그저 document.write 뒤의 괄호 안에 출력하고 싶은 값들을 써주면 그대로 출력이 된다. 5번 행에서는 "화면 출력 예제"라는 문자열을 적어주었으므로, 그대로 화면에 출력되었다. 문자열 끝의 "<br>"은 HTML 태그로서, 줄 바꿈을 해주어 이후에 출력되는 내용이 다음 줄로 넘어가서 출력되도록 하는 효과가 있다. 혹시 C 또는 Java 언어를 이미 공부한 독자는 "₩n"을 사용하려고 할 수도 있는데, 우리는 지금 웹 브라우저 위에 출력하는 것이므로 다음 줄로 넘어가고 싶으면
 태그를 써야 한다는 점에 주의하기 바란다.

여기서 한 가지 짚고 넘어갈 것은, 자바스크립트에서 문자열을 적을 때 큰따옴표(") 또는 작은따옴표(')를 모두 사용할 수 있으며 그 의미도 같다는 점이다. 즉 5번 행을 다음과 같이 바꾸어 써도 의미는 같다.

```
document.write("화면 출력 예제<br><br>");
```

하지만 실제 여러분이 프로그래밍을 할 때는 한 가지 종류의 따옴표만을 사용하는 것이 소스 코드가 일관되어 보인다. 이 책에서는 HTML 파트에서는 큰따옴표를, 자바스크립트 파트에서는 작은따옴표를 사용하는 방식을 사용할 것이다.

한편, 따옴표는 문자열의 시작과 끝을 알려주는 특수한 기호이므로 혹시 7행과 같이 문자열을 출력할 때 따옴표도 같이 화면에 찍어주고 싶다면, 역 슬래시(\ : 한글 자판에서는 ₩ 표시) 글자를 먼저 적어주고 따옴표를 적어주어야 한다.

다음으로, document.write 뒤에는 숫자나 계산식도 적어 줄 수 있다. 예제의 10행에서처럼 15를 적어주면 그 값이 그대로 출력되고, 14행과 같이 "3 + 7"을 적어주면 이것을 계산한 값인 10이 화면에 출력되는 것을 확인할 수 있다. 사실 계산식의 경우에는 document.write가 이 값을 계산한다기보다는, 자바스크립트 엔진이 "3 + 7"을 계산한 뒤 그 계산 결과인 "10"을 document.write에게 전달하여 "document.write(10)"을 실행한다고 보는 것이 정확하지만, 프로그램을 작성하는 우리들 입장에서는 그런 사항을 일일이 생각하기 보다는 document.write 뒤에 수식도 쓸 수 있다고 생각하는 것이 편하다.

마지막으로 덧붙일 말은 하나의 document.write로 여러 항목을 이어서 출력할 수도 있다는 점이다. 이 예제의 9~10번 행은 화면에 "숫자 출력 : 15"라는 한 줄을 출력하는 코드이다. 하지만 이 한 줄을 출력하기 위해 코드를 3줄이나 쓰는 것이 마음에 들지 않는 사람이 있을 것이다. 이 3줄의 코드는 다음과 같이 한 줄로 줄여 쓸 수 있다.

```
document.write('숫자 출력 : ', 15, '<br>');
```

즉 출력하고 싶은 각각의 항목을 쉼표()로 분리만 해주면 몇 개의 값이라도 이어서 출력할 수 있는 것이다. 같은 방법으로 13~15번 행은 다음과 같이 한 줄로 만들 수 있다.

```
document.write('계산 결과 출력 : ', 3 + 7, '<br>');
```

이제 예제 2-5에 대한 설명은 마무리하고 document.write에 관련된 예제를 하나 더 보도록 하자.

예제 2-6 **삼각형을 출력하는 프로그램 (2-6.html)**

```
 1: <!DOCTYPE html>
 2: <html>
 3: <body>
 4:    <script type="text/javascript">
 5:        document.write('   *<br>');
 6:        document.write('  **<br>');
 7:        document.write(' ***<br>');
 8:        document.write('****<br>');
 9:    </script>
10: </body>
11: </html>
```

실행결과

```
*
**
***
****
```

혹시 이 예제를 보고 실행결과가 예상과는 다르게 나온다고 생각하는 독자가 있을 수도 있겠다. 그도 그럴 것이 프로그램 코드를 보아서는 "*" 앞에 적당히 공백을 넣어서 오른쪽이 뾰족한 삼각형이 나올 것처럼 보이기 때문이다. 그러나 잊지 말자. document.write는 근본적으로 웹 브라우저에 출력을 하는 명령이다.

웹 브라우저는 HTML 파일의 내용을 해석해서 보여주기 위한 뷰어(viewer)이므로 연달아 나오는 공백 또는 개행 문자는 단지 한 개의 공백으로 표시하며, 특히 문자열의 앞에 나오는 공백 문자들은 모두 무시된다. 따라서 왼쪽으로 치우친 삼각형이 출력되는 것이다. 만약 오른쪽으로 치우진 삼각형을 출력하고 싶다면 다음과 같이 해야 한다.

```
 1: <!DOCTYPE html>
 2: <html>
 3: <body>
 4:    <script type="text/javascript">
 5:       document.write('   *<br>');
 6:       document.write('  **<br>');
 7:       document.write(' ***<br>');
 8:       document.write('****<br>');
 9:    </script>
10: </body>
11: </html>
```

실행결과

```
   *
  **
 ***
****
```

이제 제대로 출력이 되는 것을 확인할 수 있을 것이다. 웹 브라우저에서 공백을 정확하게 출력하기 위해서는 공백을 나타내는 HTML 표기인 " "를 사용하여야 한다.

확인학습

01-1 자바스크립트 코드의 시작을 알리는 태그는 무엇입니까? 현재 가장 널리 사용되는 형태를 적어보시오.

01-2 별도의 자바스크립트 파일을 만들 경우, 이 파일의 확장자는 무엇으로 하는 것이 좋습니까?

02 자바스크립트 주석의 두 가지 유형은 무엇입니까?

03 웹 브라우저에 문자열을 출력하는데 사용하는 자바스크립트 명령은 무엇입니까?

확인학습 정답

01-1 〈script type="text/javascript"〉

01-2 .js

02 한 줄 주석 : //
여러 줄 주석 : /* */

03 document.write

연습문제

01 예제 2-5에서 자바스크립트 코드를 별도의 외부 파일로 떼어내고, 같은 동작을 하도록 〈script〉 태그를 수정해보시오.

02 예제 2-5에 한 줄 주석과 여러 줄 주석을 추가하고 실행해 보시오.

03 다음과 같은 출력을 만드는 자바스크립트 프로그램을 작성하시오. 단, ⓑ번의 계산 결과(12, 6, 27, 3)는 소스 코드에 직접 써넣지 말고 프로그램이 계산하여 출력하도록 하시오.

ⓐ 화면 출력을
연습합니다.

ⓑ 9 + 3 = 12
9 − 3 = 6
9 * 3 = 27
9 / 3 = 3

03 변수와 상수

이 장에서는 모든 프로그램의 기본이 되는 변수와 상수, 그리고 외부로부터 값을 입력받는 방법을 공부한다. 다루는 내용은 다음과 같다.

● 상수

자바스크립트에서 사용할 수 있는 상수의 종류와 형태를 알아본다.

● 변수

변수의 필요성과 개념, 그리고 변수의 이름을 만드는 규칙과 사용법을 살펴본다.

● 대화상자를 이용한 입력과 출력

입력 대화상자를 사용하여 값을 입력받고, 경고 대화상자를 이용하여 출력하는 방법을 살펴본다.

3.1 상수

C나 Java와 같은 프로그래밍 언어를 이미 공부했었다면 이미 상수의 개념을 잘 이해하고 있을 것이다. 프로그래밍 언어에서 상수는 변하지 않는 값을 의미한다. 즉, 7(정수), 3.14(실수), 'abc'(문자열) 등은 모두 상수라고 할 수 있다. 다음 프로그램을 보자.

```
document.write(3);
document.write(3);
```

```
document.write(3);
```

이 프로그램은 3을 세 번 출력한다. 즉, 3은 항상 3일 뿐이지 어떤 다른 값도 될 수 없다. 이렇게 고정되어 있는 어떤 숫자 값 또는 문자열들을 프로그래밍 언어에서는 상수라고 부른다. 상수라고 해서 숫자만 의미한다고 오해하지 말자. 프로그래밍 언어에서는 고정된 값들을 모두 상수라고 부른다. 자바스크립트 뿐 아니라 다른 프로그래밍 언어에서도 마찬가지이다.

자바스크립트에서 기본적인 상수의 종류는 숫자(Number), 문자들로 이루어진 문자열(String), 참/거짓을 표현하는 부울린(Boolean)이 있다. 상수의 종류와 예를 들어 보이면 다음과 같다.

- 숫자 : 3, 10, 25, 3.14, 45.13
- 문자열 : 'abc', "abc", 'test'
- 부울린 : true, false

여기서 자바스크립트가 C 또는 Java 언어와 달리 특이한 점은, 소수점이 있든 없든 상관없이 그저 "숫자"로 취급한다는 점이다. 일반적인 프로그래밍 언어처럼 복잡한 생각을 하지 않고 사용할 수 있도록 하는 스크립트 언어의 특성이 드러나는 부분이라고 생각할 수 있다.

한편, 앞서 2장에서 document.write를 공부할 때 언급한 바와 같이, 자바스크립트에서는 문자열 상수를 표기할 때 큰따옴표(" ")와 작은따옴표(' ')를 모두 사용할 수 있다. 예를 들어 "abc"와 'abc'는 똑같은 문자열 상수이다. 하지만 이 두 가지를 섞어서 쓰면 소스 코드의 스타일이 일관되지 않아 프로그램 가독성이 나빠질 수 있으므로 한 가지로 통일하는 것이 좋다.

3.2 변수

상수와는 달리 변수는 변할 수 있는 수를 의미한다. 사실 프로그래밍 언어에서의 변수는 프로그램 실행 중 저장할 필요가 있는 값을 담아둘 수 있는 그릇으로 보는 것이 적절한 개념이다. 아래 프로그램을 보자.

```
document.write(1 + 2 + 3 + 4);
document.write(1 + 2 + 3 + 5);
document.write(1 + 2 + 3 + 6);
```

위 프로그램을 보면 "1 + 2 + 3"이라는 계산이 3번이나 반복되고 있다. 이러한 경우 "1 + 2 + 3"의 값을 어딘가에 저장해 둘 수 있다면, 반복해서 이 값을 계산하지 않고 그 값에 각각 4, 5, 6 만 더하는 효율적인 프로그램을 작성할 수 있을 것이다. 변수를 사용하여 이 프로그램을 그렇게 고쳐보자.

자바스크립트는 C나 Java와는 달리, 변수를 사용하기 전에 미리 선언하지 않아도 된다. 즉, 변수에 값을 처음 대입하는 순간에 변수가 만들어진다. 프로그램 중간에 갑자기 "a = 1"이라는 문장이 나오고 a라는 이름의 변수를 그 전에 선언한 적이 없다면 a라는 이름의 변수가 그 때 만들어지는 것이다. 하지만 예약어인 var를 이용하여 명시적으로 선언하는 것이 권장된다.

예를 들어 자바스크립트에게 "내가 값을 담아둘 그릇을 하나 쓸 건데, 이름을 n이라고 할께"라고 말하고 싶으면 다음과 같은 코드를 적어 준다.

```
var n;
```

위에서 var은 뒤에 적힌 것이 새로 만들 변수 이름임을 알려주는 예약어이다. 이렇게 변수라는 그릇이 만들어 지고 나면 거기에 상수 값을 담을 수 있다.

```
n = 10;
```

이 코드는 방금 만든 n이라는 변수에 10이라는 값을 담는 일을 하며, 프로그래밍 언어에서는 이렇게 변수에 특정 값을 담는 것을 "대입"이라고 표현한다. 즉 위의 코드는 변수 n에 10을 대입하는 코드이다. 사실 이 두 줄의 코드는 다음과 같이 한 줄로 줄여 쓸 수도 있다.

```
var n = 10;
```

이 코드는 먼저 변수 n을 만들고, 거기에 10을 대입한다. 이제 변수를 새로 만들 때 var을 쓰는 경우와 쓰지 않는 경우를 비교해 보자. 한참 코드를 작성하다가 위에서처럼 var을 사용한 문장을 만났다면 "이곳에서 변수 n을 새로 만드는 구나"라고 생각할 수 있을 것이다. 하지만 var을 쓰지 않고 "n = 10;"만 적어 놓았다면 이 코드가 변수를 새로 만드는 것인지, 아니면 이미 만들어진 변수 n의 값을 바꾸기만 하는 것인지 알기 위해 전체 코드를 훑어보아야만 한다.

한편, 한 번에 여러 개의 변수를 선언하고 싶으면 컴마(,)로 구분하여 변수 이름을 계속 적어줄 수 있다. 다음 코드를 보자.

```
var n1, n2, n3;
```

위 코드의 의미는 정수 값을 담아둘 변수를 3개 만드는데, 그 이름을 n1, n2, n3로 하겠다고 선언하는 것이다. 즉, 다음 세 줄의 코드를 한 줄로 줄여 쓴 것이다.

```
var n1;
var n2;
var n3;
```

만약 이렇게 한 줄로 여러 변수를 선언했는데, 각각의 초기 값을 부여하고 싶다면 다음과 같이 쓰면 된다.

```
var n1 = 4, n2 = 5, n3 = 6;
```

자, 변수를 만들고 값을 대입하는 방법을 배웠으니 이제 원래의 목적대로 프로그램을 고쳐보자. 다음과 같이 할 수 있을 것이다.

```
var a = 1 + 2 + 3;
document.write(a + 4);
document.write(a + 5);
document.write(a + 6);
```

이 프로그램의 첫 줄의 의미는 a라는 이름을 가진 그릇을 하나 만들고, 여기에 "1 + 2 + 3"의 결과 값을 담아두겠다는 의미이다. 이렇게 a라는 이름의 그릇에 값을 담아두었다면 그 다음부터는 단지 a라는 그릇에 담긴 값에 각각 4, 5, 6을 더한 값을 출력하도록 프로그램을 작성하면 된다. 프로그램이 한 줄 더 길어지기는 했지만 그 아래에 있는 각각의 수식은 간단 해 졌으며, 수식의 의미도 좀 더 분명해 졌음을 확인할 수 있다.

이제 다음 예를 생각해보자.

```
var a = 1;
document.write(a);
a = 2;
document.write(a);
a = 3;
document.write(a);
```

"document.write(3)"은 아무리 반복해도 항상 결과가 3이 나올 뿐이지만, 이 예의 경우 똑같이 "document.write(a)"를 실행함에도 불구하고, 결과는 "1, 2, 3"으로 매번 다르게 나 온다. 이렇게 변수는 값을 담는 역할을 하다 보니, 상황에 따라 그 값이 계속 변할 수 있다. 따라서 변할 수 있는 수라는 의미에서 이것을 변수라고 부른다.

한편, 변수의 이름을 만드는 법은 C 또는 Java와 비슷하며, 그 규칙은 다음과 같다.

• 변수 이름은 알파벳, 숫자, 밑줄(_), 달러($)를 섞어서 지을 수 있다. 그 외의 특수문자(!, @, %, & 등)들과 공백은 사용할 수 없다.
• 하지만 첫 글자는 숫자로 시작할 수 없다. 알파벳, 밑줄, 달러 기호는 가능하다.

- 예약어는 변수 이름으로 사용할 수 없다. 예약어란 if, else, for 등 자바스크립트 문법에서 의미 있는 단어를 가리킨다.
- 변수 이름은 대소문자를 구분한다. a와 A는 서로 다른 변수이다.

바른 변수명과 잘못된 예는 다음과 같다.

- 바른 변수명 : sum, sum1, _sum, money_sum, MoneySum
- 틀린 변수명 : 1sum, sum!, #sum, Money Sum

변수명 짓는 규칙은 나중에 배울 함수 이름을 지을 때도 똑같이 적용된다.

마지막으로 한 가지 주의할 점이 있다. 자바스크립트에서 변수는 데이터 형(data type)에 대한 제약이 없어서, 이미 어떤 값이 들어있는 변수라도 다른 데이터 형의 값을 대입할 수 있다는 것이다. 다음 예제를 보자.

예제 3-1 변수 사용 (3-1.html)

```
1: <!DOCTYPE html>
2: <html>
3: <body>
4:   <script type="text/javascript">
5:       var a = 5;
6:       document.write(a, '<br>');
7:
8:       a = 3.14;
9:       document.write(a, '<br>');
10:
11:      a = 'abc';
12:      document.write(a, '<br>');
13:   </script>
14: </body>
15: </html>
```

```
5
3.14
abc
```

5번 행에서는 변수 a에 정수 5를 대입하였고, 8번 행에서는 실수 3.14을, 그리고 11번 행에서는 문자열 'abc'를 대입한 것을 볼 수 있다. 자바스크립트에서는 이렇게 하나의 변수에 서로 다른 데이터 형의 값을 대입하고 사용하여도 아무 문제없이 실행된다.

3.3 대화상자를 이용한 입력과 출력

자바스크립트는 웹 브라우저 위에서 동작하므로, 값을 입력 받아 변수에 넣기 위해서는 〈form〉 태그를 이용해서 입력 폼을 구성하고, 〈intput〉 등의 태그를 이용하여 입력을 받는 것이 정석이다. 그리고 이렇게 입력을 받기 위해서는 폼 객체와 이벤트 처리에 대해 이해하고 있어야 하므로 지금 단계에서 사용하기는 쉽지 않다. 하지만 입력을 받기 위해 사용할 수 있는 간단한 대안이 있다. 바로 prompt 함수를 사용하는 것인데, 다음과 같이 할 수 있다.

```
var 변수명 = prompt('대화상자에 출력할 메시지', '초기 값');
```

예를 들어 다음과 같은 코드를 생각해 보자.

```
var a = prompt('문자열을 입력하세요', '');
```

이 코드는 다음과 같은 입력 대화상자를 띄우고, 입력된 문자열을 변수 a에 넣어준다.

"초기 값" 부분에는 입력받을 칸에 처음부터 나타날 문자열을 지정한다. 예를 들면 다음과 같이 할 수 있다.

```
var a = prompt('문자열을 입력하세요', 'abc');
```

이 코드는 다음과 같은 입력 대화상자를 띄운다.

입력 대화상자를 통해 입력을 받을 때 주의할 점은, 입력 대화상자는 단지 "문자열"을 입력받는다는 점이다. 다음 예제를 보자.

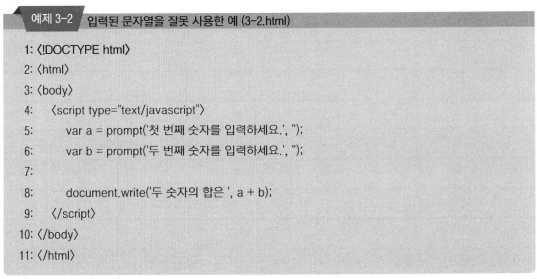

예제 3-2   입력된 문자열을 잘못 사용한 예 (3-2.html)

```
 1: <!DOCTYPE html>
 2: <html>
 3: <body>
 4:    <script type="text/javascript">
 5:        var a = prompt('첫 번째 숫자를 입력하세요.', '');
 6:        var b = prompt('두 번째 숫자를 입력하세요.', '');
 7:
 8:        document.write('두 숫자의 합은 ', a + b);
 9:    </script>
10: </body>
11: </html>
```

실행결과

두 숫자의 합은 35   ☞ 대화상자에 각각 3과 5를 입력했다고 가정

3과 5를 입력하였다면 당연히 결과는 두 숫자의 합인 8이 나와야 할 것 같은데 엉뚱한 값이 출력되었음을 확인할 수 있다. 이것은 입력 대화상자에 입력된 내용이 문자열 형태로 변

수에 들어가기 때문이다. 즉 대화상자에 3과 5를 넣었다면 실제 실행되는 코드의 의미는 다음과 같이 된다.

```
var a = "3";              // 숫자 3이 아니라 문자열 "3"이 들어간다.
var b = "5";
```

나중에 연산자를 공부할 때 다시 이야기 하겠지만 자바스크립트에서는 "+"의 의미가 두 가지이다. "숫자 + 숫자"일 때에는 덧셈으로 해석되지만 "문자열 + 문자열"일 때에는 두 문자열을 연결하라는 의미로 해석된다. 따라서 자바스크립트는 a + b를 숫자 3과 5의 합이 아니라 문자열 "3"과 "5"를 연결하라는 의미로 해석하고 "35"라는 결과를 내놓는 것이다. 올바른 결과를 얻기 위해서는 문자열 "3"을 숫자 3으로 바꾸어야 하는데, 이것은 Number라는 함수로 가능하다. Number의 사용법은 다음과 같다.

```
변수 = Number(문자열);
```

이렇게 하면 문자열 형태로 되어 있는 숫자를 진짜 숫자로 바꾸어 지정된 변수에 넣어 준다. 따라서 위 예제의 5번 행에는 바로 뒤에 Number를 사용하여 문제를 해결할 수 있다.

```
var a = prompt('첫 번째 숫자를 입력하세요.', '');
a = Number(a);
```

하지만 이것을 꼭 두 줄로 쓸 필요는 없다. 다음과 같이 한 줄로 줄여 써도 된다.

```
var a = Number(prompt('첫 번째 숫자를 입력하세요.', ''));
```

얼핏 보기에 복잡해 보이지만 별다른 것은 없다. Number의 괄호 안에 변수를 적은 것이 아니라 "prompt('첫 번째 숫자를 입력하세요.', '')"를 직접 적어 넣은 것뿐이다. 이제 대화상자를 통해 값을 입력받는 방법을 정리하면 다음과 같다.

- 문자열 : var 변수명 = prompt('대화상자에 출력할 메시지', '초기 값');
- 숫자 : var 변수명 = Number(prompt('대화상자에 출력할 메시지', '초기 값'));

이와 같은 내용을 생각하여 앞의 잘못된 예제를 수정하면 다음과 같은 코드를 얻을 수 있다.

예제 3-3 두 수의 합의 출력 (3-3.html)

```
 1: <!DOCTYPE html>
 2: <html>
 3: <body>
 4:    <script type="text/javascript">
 5:        var a = Number(prompt('첫 번째 숫자를 입력하세요.', ''));
 6:        var b = Number(prompt('두 번째 숫자를 입력하세요.', ''));
 7:
 8:        document.write('두 숫자의 합은 ', a + b);
 9:    </script>
10: </body>
11: </html>
```

실행결과

두 숫자의 합은 8   ➥ 대화상자에 각각 3과 5를 입력했다고 가정

이제 대화상자를 통해 입력받는 방법을 알았으니 대화상자에 무언가를 출력하는 방법을 알아보자. 자바스크립트에서는 alert 함수를 사용해서 경고 대화상자를 띄울 수 있다. 사용법은 다음과 같다.

```
alert('출력할 메시지');
```

alert 함수의 사용법을 적은 것이지만, 위 코드를 그대로 입력해도 잘 실행된다. 이 코드는 다음과 같은 경고 대화상자를 띄운다.

경고 대화상자는 웹 페이지에서 무언가를 잘못 입력한 상황 등에서 경고 메시지를 출력할 때에 사용할 목적으로 만들어진 것이지만, 프로그램 디버깅 중에도 간단하게 변수 값을 출력할 목적으로도 종종 사용된다.

경고 대화상자를 사용할 때 한 가지 주의할 것은, 경고 대화 상자는 웹 브라우저 화면과는 별개의 창이므로 HTML 태그가 아무런 효과를 발휘하지 못한다는 점이다. 예를 들어 첫 줄에 "abc"를 두 번째 줄에는 "def"를 출력하고 싶어서 코드를 다음과 같이 작성했다고 생각해 보자.

```
alert('abc<br>def');
```

그러나 이 코드는 다음과 같은 대화상자를 보여준다.

대화상자 안에서는 HTML 태그도 그저 평범한 문자열로 취급될 뿐이다. 따라서 다음과 같이 하여야 두 줄로 된 출력을 볼 수 있다.

```
alert('abc\ndef');
```

영문자판에서는 "\n", 한글자판에서는 "₩n"은 줄 넘김을 의미하는 특수문자이다. 이것을 사용하여야 대화상자 안에서 여러 줄로 된 메시지를 출력할 수 있다.

그럼 이제 입력 대화상자와 경고 대화 상자를 모두 사용한 예제를 보도록 하자.

예제 3-4 입력과 경고 대화상자 사용 (3-4.html)

```
1: <!DOCTYPE html>
2: <html>
3: <body>
4:    <script type="text/javascript">
5:        var a = prompt('문자열을 입력하세요', '');
6:        alert(a);
7:    </script>
8: </body>
9: </html>
```

이 프로그램은 입력 대화 상자에서 입력 받은 문자열을 그대로 경고 대화 상자에 출력한다.

확인학습

01 숫자, 문자열, 부울린 상수의 예를 각각 들어보시오.

02 다음 식별자 중 틀린 것들을 찾고, 그 이유를 설명하시오.

    ⓐ SUM   ⓑ average   ⓒ 1stprize

    ⓓ student-name   ⓔ floor2

03 입력 대화상자와 경고 대화상자를 띄우는 코드의 형식을 적으시오.

확인학습 정답

01 숫자 상수 : 3, 10, 35, 3.14, 1.2 등

문자열 상수 : 'abc', "tom" 등 따옴표로 둘러 싸여진 문자들

부울린 상수 : true, false

02 ⓒ 1stprize : 변수 이름이 숫자로 시작했음

ⓓ student-name : 변수 이름에 하이픈을 사용하였음

03 var 변수명 = prompt('대화상자에 출력할 메시지', '초기 값');

alert('출력할 메시지');

연습문제

01   변수와 상수의 차이점을 설명해 보시오.

02   변수의 이름을 만드는 규칙을 설명해 보시오.

03-1   본문의 예제를 수정하여 사각형의 가로와 세로를 입력받은 뒤 넓이를 출력하는 프로그램을 작성하시오.

03-2   한 학생의 국어, 영어, 수학 점수를 입력받아 총점과 평균을 출력하는 프로그램을 작성하시오. 출력 형태는 다음과 같이 하면 된다.

```
국어 : oo
영어 : oo
수학 : oo
총점 : oo
평균 : oo
```

CHAPTER

04 연산자

기본적으로 자바스크립트의 문법은 C 또는 Java 언어의 문법과 매우 비슷하며, 연산자 또한 예외는 아니다. 이 장에서는 자바스크립트에서 사용할 수 있는 연산자들을 정리한다. 이를 요약하면 다음과 같다.

◉ 산술 연산자

덧셈, 뺄셈, 곱셈, 나눗셈, 나머지를 구할 때 사용하는 +, −, *, /, % 연산자를 살펴본다.

◉ 문자열 연산자

두 문자열을 연결한 새로운 문자열을 만들 때 사용하는 + 연산자를 살펴본다.

◉ 비트 연산자

숫자 전체가 아니라 비트 단위의 연산을 수행할 때 사용하는 &, |, ^, ~, 〈〈, 〉〉 연산자를 살펴본다.

◉ 대입 연산자

값을 변수에 대입할 때 사용하는 =, +=, *=, /=, %=, &=, |=, ^=, 〈〈=, 〉〉= 연산자를 살펴본다.

◉ 증감 연산자

변수의 값을 하나 증가시키거나 감소시킬 때 사용하는 ++, −− 연산자를 살펴본다.

사실 위에 나열한 연산자 외에 관계, 논리 연산자도 당연히 연산자의 범주에 포함시키는 것이 맞다. 하지만, 실제로 프로그래밍을 해나가는 입장에서 관계, 논리 연산자는 if 문 또는 반복분의 조건식 부분에서 사용되지 않으면 큰 의미가 없다. 따라서 관계, 논리 연산자는 다음 장의 조건문 부분에서 다루도록 하고, 여기에서는 일단 어떤 것들이 있는지만 보여주도록 하겠다. 자바스크립트에서 사용할 수 있는 관계, 논리 연산자는 다음과 같다.

관계 연산자 : 〉, 〉=, 〈, 〈=, ==, !=
논리 연산자 : &&. ||. !

4.1 산술 연산자

산술 연산자는 덧셈, 뺄셈, 곱셈, 나눗셈, 나머지를 구하는 등의 일반적인 수치 연산을 나타내는 연산자이다. 각각의 연산자와 그 의미는 다음과 같다.

연산자	의미
+	덧셈
−	뺄셈
*	곱셈
/	나눗셈. 나누어떨어지지 않는 경우에는 소수점 아랫부분까지 답이 나온다.
%	나머지

자바스크립트의 산술 연산자는 기본적으로는 C 또는 Java 언어와 동일하다. 다만 C와 Java에서는 소수점이 없는 숫자인 정수와 소수점이 있는 숫자인 실수가 명확하게 구분되는데, 자바스크립트는 이들을 모두 "숫자"로만 생각하므로 정수 나눗셈을 해도 결과가 실수로 나올 수 있다는 점이 다르다. 산술연산자를 활용한 예를 보이면 다음과 같다.

예제 4-1 | 산술연산자의 활용 (4-1.html)

```
1: 〈!DOCTYPE html〉
2: 〈html〉
3: 〈body〉
4:  〈script type="text/javascript"〉
```

```
 5:        document.write(5 + 2, '〈br〉');
 6:        document.write(5 - 2, '〈br〉');
 7:        document.write(5 * 2, '〈br〉');
 8:        document.write(5 / 2, '〈br〉');
 9:        document.write(5 % 2, '〈br〉');
10:    〈/script〉
11: 〈/body〉
12: 〈/html〉
```

실행결과

```
7
3
10
2.5
1
```

프로그램의 내용을 이해하는데 큰 문제가 없을 것이다. 순서대로 덧셈, 뺄셈, 곱셈, 나눗셈, 나머지를 계산하고 출력하는 것이 전부이다. 다만, 앞에서 얘기한대로 8번 행 나눗셈 연산의 결과가 2가 아닌 2.5로 출력되었다는 점에만 주의하자.

이제 연산자를 이용한 다른 예제로, 자신의 키와 몸무게를 입력하면 표준체중과 비만도를 계산하여 알려주는 프로그램을 작성해보자. 입력받아야 할 값이 키와 몸무게이므로 입력 대화상자를 두 번 띄워야 할 것이다.

예제 4-2 비만도 계산 프로그램 (4-2.html)

```
1: 〈!DOCTYPE html〉
2: 〈html〉
3: 〈body〉
4:    〈script type="text/javascript"〉
5:        var h = Number(prompt('키 :', ''));
6:        var w = Number(prompt('몸무게 :', ''));
7:
8:        var sw = (h - 100) * 0.9;
```

```
 9:        var fd = w / sw * 100;
10:
11:        document.write('키 : ', h, '<br>');
12:        document.write('표준 체중 : ', sw, '<br>');
13:        document.write('비만도 : ', fd);
14:    </script>
15: </body>
16: </html>
```

☞ 키 180, 몸무게 78을 입력했을 때

키 : 180
표준 체중 : 72
비만도 : 108.33333333333333

다른 상황은 고려하지 않고 단순한 공식에 의해 계산 결과를 보여주는 것이므로 마음에 들지 않는 결과가 나왔다고 해서 신경 쓸 것은 없겠다. 표준체중과 비만도를 구하는 부분은 8~9행이며, 여기에서 사용한 공식은 다음과 같다.

표준체중 = (키 - 100) * 0.9
비만도 = 몸무게 / 표준체중 * 100

즉, 비만도는 표준 체중에 대한 실제 체중의 비율이므로 여러분의 체중이 표준 체중과 같다면 100이 나오고, 그보다 더 나간다면 100이 넘는 값이, 표준 체중보다 마른 편이라면 100보다 작은 값이 나오게 된다. 이 때 표준 체중을 담아두는 변수는 sw, 비만도를 담아두는 변수는 fd를 사용하였다.

4.2 문자열 연산자

문자열 연산자는 두 개의 문자열을 연결해 주는 단순한 연산자이다. 그리고 별도의 기호를 쓰는 것이 아니라 숫자 덧셈을 할 때 사용하는 "+" 연산자를 사용한다. 즉, "+" 연산자의 좌우에 숫자가 있으면 숫자 더하기, 문자열이 있으면 문자열 연결 연산이 이루어진다. 아래의 예제를 보면 그 사용법을 쉽게 파악할 수 있을 것이다.

예제 4-3 문자열 연산자의 활용 (4-3.html)

```
 1: <!DOCTYPE html>
 2: <html>
 3: <body>
 4:    <script type="text/javascript">
 5:        var a = 'aa' + 'bb';
 6:        var b = a + 'cc';
 7:
 8:        var c = 'dd';
 9:        var d = b + c;
10:
11:        document.write(d);
12:    </script>
13: </body>
14: </html>
```

실행결과

aabbccdd

먼저, 5번 행에서는 "aa"와 "bb"라는 문자열을 연결하여 얻어진 문자열인 "aabb"가 a에 대입된다. 그리고 6번 행에서는 "aabb"에 "cc"를 연결하므로 b에는 "aabbcc"가 대입된다. 그리고 9번 행에서 이 문자열에 "dd"를 덧붙인 문자열인 "aabbccdd"가 d에 대입되는 것이다.

문자열 연산자를 이용하는 경우를 하나 더 생각해 보자. 산술연산자를 공부하면서 살펴보았던 예제 4-1을 보면 계산 값과 '<br>' 태그 출력을 하나의 document.write로 하려고 쉽표(.)를 사용했었다. 문자열 연산자를 사용해도 비슷한 효과를 볼 수 있다. 다음 프로그램을 보자.

```
 1: 〈!DOCTYPE html〉
 2: 〈html〉
 3: 〈body〉
 4:    〈script type="text/javascript"〉
 5:        document.write((5 + 2) + '〈br〉');
 6:        document.write((5 − 2) + '〈br〉');
 7:        document.write((5 * 2) + '〈br〉');
 8:        document.write((5 / 2) + '〈br〉');
 9:        document.write((5 % 2) + '〈br〉');
10:    〈/script〉
11: 〈/body〉
12: 〈/html〉
```

실행결과

```
7
3
10
2.5
1
```

5~9번 행은 사용하는 연산자만 다를 뿐, 다른 내용은 모두 같으므로 5번 행만 같이 살펴보자. document.write 뒤에 출력을 위해 적힌 내용은 다음과 같다.

(5 + 2) + '〈br〉'

앞 쪽의 (5 + 2)는 수식이므로 자바스크립트가 계산하여 7을 얻을 수 있다. 그러면 출력할 내용은 다음과 같이 된다.

```
7 + '〈br〉'
```

가운데 있는 문자열 연산자를 기준으로 볼 때, 왼쪽에는 숫자가, 오른쪽에는 문자열이 있다. 이러한 경우 자바스크립트는 알아서 숫자 7을 문자열 '7'로 보고 연산을 한다. 즉, 다음과 같은 연산을 실행하는 것이다.

```
'7' + '〈br〉'
```

이 문자열 연산의 결과는 '7〈br〉'이다. 즉 5번 행은 다음과 같은 동작을 수행하게 된다.

```
document.write('7〈br〉');
```

4.3 비트 연산자

비트 연산자는 숫자 전체가 아니라 그 값을 이진수로 보았을 때 각각의 자릿수, 즉 비트에 대해 연산을 수행하는 연산자이다. 다음과 같은 연산자가 있다.

연산자	의미
&	AND, 두 비트가 모두 1이면 1, 아니면 0
|	OR, 두 비트 중에 한 비트가 1이면 1, 모두 0이면 0
^	XOR, 두 비트의 값이 서로 다르면 1, 같으면 0
~	NOT, 단항 연산자, 각 비트를 반대로 바꿈
〈〈	왼쪽으로 쉬프트, 빈 곳은 0으로 채운다.
〉〉	오른쪽으로 쉬프트, 빈 곳은 부호를 유지하도록 0 또는 1이 채워진다.

비트 연산자 역시 C나 Java 언어에서의 비트 연산자와 다른 점이 없다. 먼저 예제를 보면서 각 연산자의 역할을 파악해 보도록 하자.

```
1: <!DOCTYPE html>
2: <html>
3: <body>
4:    <script type="text/javascript">
5:        document.write(5 & 3, '<br>');
6:        document.write(5 | 3, '<br>');
7:        document.write(5 ^ 3, '<br>');
8:        document.write(~5, '<br>');
9:        document.write(5 << 1, '<br>');
10:       document.write(5 >> 1, '<br>');
11:    </script>
12: </body>
13: </html>
```

실행결과

1	00000101_2 & 00000011_2 = 00000001_2
7	00000101_2 | 00000011_2 = 00000111_2
6	00000101_2 ^ 00000011_2 = 00000110_2
−6	~00000101_2 = 11111010_2
10	00000101_2 << 1 = 00001010_2
2	00000101_2 >> 1 = 00000010_2

& 연산자는 대응하는 두 비트가 모두 1일 때만 결과가 1로 나오는 연산자이다. 따라서 다음과 같이 계산된다.

$$
\begin{array}{r}
00000101_2 \\
\&\,)\quad 00000011_2 \\
\hline
00000001_2
\end{array}
$$

5는 이진수로 101이 되고, 3은 이진수로 11이 된다. 그리고 각각의 비트를 대조해 볼 때, 가장 오른쪽에 있는 한 자리만 모두 1이므로 결과는 1로 나오게 된다.

| 연산자는 연산을 하는 방식은 똑같지만, 대응하는 두 비트 중 하나라도 1이 있으면 결과가 1이 되는 연산을 수행한다. 따라서 연산은 다음과 같이 수행된다.

$$
\begin{array}{r}
00000101_2 \\
|)\ \underline{\ 00000011_2} \\
00000111_2
\end{array}
$$

^ 연산자는 두 비트의 값이 서로 다르면 1, 같으면 0이 나오는 연산을 수행한다.

$$
\begin{array}{r}
00000101_2 \\
\text{^})\ \underline{\ 00000011_2} \\
00000110_2
\end{array}
$$

~ 연산자는 단항 연산자이다. 다른 연산자들은 이항 연산자이므로 숫자 두 개를 가지고 계산하지만, ~ 연산자를 하나의 값에 대해 연산을 수행한다. 수행하는 연산은 각각의 비트 값을 반대로 뒤집는 것이다.

$$
\begin{array}{r}
\text{~})\ \underline{\ 00000101_2} \\
11111010_2
\end{array}
$$

자바스크립트 역시 숫자를 표현하기 위해 2의 보수 체계를 이용하므로, 가장 왼쪽 비트가 1인 숫자는 음수로 간주된다. 이 이진수를 십진수로 바꾸면 −6이므로, 이 값이 출력되는 것이다.

<< 연산자는, 이 연산자 좌측에 적힌 숫자를 이진수로 보고, 우측에 적힌 숫자만큼 왼쪽으로 밀어주는 연산을 수행한다.

$00000101_2 << 1 = 00001010_2$

"00000101"을 그대로 왼쪽으로 1 비트 쉬프트하면 제일 왼쪽 비트는 밀려 없어지고, 오른쪽 끝에 0이 추가된다. 따라서 "00001010"을 얻는다.

$\gg$ 연산자는, 이 연산자 좌측에 적힌 숫자를 이진수로 보고, 우측에 적힌 숫자만큼 오른쪽으로 밀어주는 연산을 수행한다.

$$00000101_2 \gg 1 = 00000010_2$$

"00000101"을 그대로 오른쪽으로 1 비트 쉬프트하면 제일 오른쪽 비트는 밀려 없어지고, 왼쪽 끝에 한 비트가 추가된다. 단, 제일 왼쪽 비트는 숫자의 부호를 판가름하는 중요한 비트이므로 무조건 0이 추가되는 것이 아니라, 원래 숫자의 제일 왼쪽 비트 값이 유지된다.

4.4 대입 연산자

변수에 새로운 값을 대입하는 연산자를 의미한다. 대입 연산자들은 다음과 같이 구분할 수 있다.

연산자	의미
=	단순 대입
+=, -=, *=, /=, %=	산술 연산 후 대입
+=	문자열 연산 후 대입
&=, |=, ^=, $\ll$=, $\gg$=	비트 연산 후 대입

단순 대입 연산자는 다른 언어에서와 마찬가지로 변수에 어떤 값을 대입하기 위한 동작을 수행한다. 그리고 다른 대입 연산자들은 특별한 패턴을 가지는 연산 문장을 간단하게 줄여 쓰기 위해서 제공되는 것이다. 이것들 역시 C 와 Java 언어에서도 모두 제공되는 것이므로 여기에서는 "산술 연산 후 대입"의 형태가 무엇을 의미하는지만 보이도록 하겠다. 다음 예에서 한 줄에 있는 두 문장은 각각 그 의미가 동일하다.

```
i = i + 2;   ⟺   i += 2;
i = i - 2;   ⟺   i -= 2;
i = i * 2;   ⟺   i *= 2;
i = i / 2;   ⟺   i /= 2;
i = i % 2;   ⟺   i %= 2;
```

이러한 형태의 대입 연산자들은 프로그래밍을 하다 보면 자주 나타나는 패턴의 문장을 짧게 쓰도록 해 준다. 아래 두 문장을 비교해 보자.

```
a = b + 2;
i = i + 2;
```

첫 번째 문장은 "산술 연산 후 대입" 연산자로 바꾸어 쓸 수 없는 경우이다. 즉, b의 값에 2를 더해서 a에 넣어주므로, 현재 값을 읽어 오는 변수와 계산 값을 넣어주는 변수가 다른 경우이다.

이에 반해 두 번째 문장은 i의 값에 2를 더해서 이 값을 i의 새로운 값으로 한다. 즉, i의 값을 2 증가시키는 형태이며, 이것은 "i += 2"로 줄여서 쓰는 것이 가능하다.

다른 대입 연산자들도 이와 똑같은 규칙이 적용된다.

4.5 증감 연산자

증감 연산자는 변수에 담긴 정수 값을 1 증가 또는 감소시키는 연산자이다. 우리는 앞에서 다음과 같은 사실을 공부하였다.

```
i = i + 2;   ⟺   i += 2;
i = i - 2;   ⟺   i -= 2;
```

그런데, 실제 프로그래밍을 하다보면 증가 또는 감소시켜야 하는 값이 1인 경우가 매우 많다. 따라서 이러한 경우에 더 간단하게 표기할 수 있는 연산자가 생겨났는데, 그것이 증감 연산자다. 증감 연산자는 ++, --, 이렇게 두 가지가 있으며, 그 의미는 다음과 같다.

```
i = i + 1;   ⇔   i += 1;   ⇔   i++; (또는 ++i;)
i = i - 1;   ⇔   i -= 1;   ⇔   i--; (또는 --i;)
```

위의 경우에는 i++ 과 ++i 가 동일한 의미를 가지는 것으로 표시하였는데, 이것은 위의 예에서 i++ 또는 ++i 가 독립적인 하나의 문장 형태로 존재하는 경우이기 때문이고, 이것이 다른 수식의 일부로서 사용될 때는 다음과 같이 그 의미에 차이가 있게 된다.

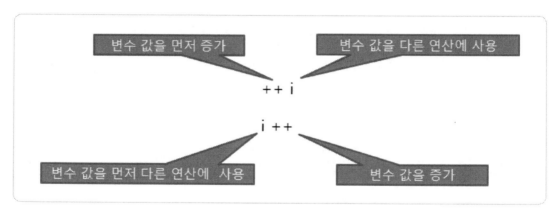

[그림 4-1] ++ 연산자의 위치에 따른 차이

증감 연산자의 정확한 의미를 혼동하지 않을 수 있는 기억 방법은 연산자와 변수의 위치가 동작의 순서와 일치한다고 생각하는 것이다. 즉, "++i"는 "++"이 먼저 나오고 "i"가 나중에 나왔으므로 먼저 증가(++)를 시키고 i의 값을 사용하는 것이다. "i++"은 "i"가 먼저 나오고 "++"이 나중에 나왔으므로 먼저 i의 값을 사용하고 나서 증가(++)를 시켜준다. 다음 예제를 보면 의미가 명확해질 것이다.

증감 연산자의 활용 (4-6.html)

```
1: <!DOCTYPE html>
2: <html>
3: <body>
4:    <script type="text/javascript">
5:        n = 1;
6:        x = ++n;
7:        document.write(n, ', ', x, '<br>');
8:
9:        n = 1;
10:        x = n++;
11:        document.write(n, ', ', x, '<br>');
12:    </script>
13: </body>
14: </html>
```

실행결과

```
2, 2
2, 1
```

이 프로그램은 두 부분으로 나누어져 있으며, 둘 다 n에 1을 넣었다가 1을 증가시켰으므로 n 값은 2가 된다. 그러나 앞부분인 6행에서는 "++n"을 하였는데, 이것은 먼저 n값을 1 증가시키고 그렇게 증가된 n값을 계산에 사용한다는 의미이다. 즉, "x = ++n"을 풀어 쓰면 다음과 같다.

```
n = n + 1;
x = n;
```

이에 반해, 뒷부분인 10행에서는 일단 n 값을 사용하고 나서, n을 1 증가시켰다. 즉, "x = n++"을 풀어쓰면 다음과 같다.

```
x = n;
n = n + 1;
```

이러한 이유로 인해, x의 첫 번째 출력은 2가, 두 번째 출력은 1이 나오게 된다.

01 다음 자바스크립트 코드의 출력은 무엇인가?

```
document.write(10 / 4, '<br>');
document.write(10 % 4, '<br>');
```

02 두 문자열을 이어주려면 어떤 연산자를 사용해야 하는가?

03 "document.write(5 & 2);"와 "document.write(5 | 2);"의 출력은 무엇인가?

04 문장 "a = a + 5;"를 "+=" 연산자를 이용하도록 줄여 쓰면 어떻게 되는가? 이 문장을 "++" 연산자를 사용하여 더 줄여 쓸 수 있는가?

05 문장 "a = a + 1;"를 "+=" 연산자를 이용하도록 줄여 쓰면 어떻게 되는가? 이 문장을 "++" 연산자를 사용하여 더 줄여 쓸 수 있는가?

확인학습 정답

01   2.5

        2

02   +

03   0 7

04   a += 5; 더 이상 줄일 수 없음

05   a += 1; a++; 모두 가능함

연습문제

01 섭씨온도 값(Celsius)을 입력받아 화씨온도 값(Fahrenheit)을 구하는 프로그램을 작성하시오. 역시 입력은 대화상자에서 받도록 하면 된다. 섭씨온도를 화씨온도로 바꾸는 공식은 다음과 같다.

> 화씨온도 = 9 / 5 * 섭씨온도 + 32

02 구구단 한 단을 출력하는 프로그램을 작성하시오. 출력할 단은 입력을 받도록 하시오. 아직은 반복문을 배우지 않았으므로 9줄의 구구단은 9개의 document.write를 이용하여 출력한다.

03 정수를 하나 입력받아 오른쪽에서 3번째 비트 값(2^2 자리)이 0인지 1인지 출력하는 프로그램을 작성하시오.

04 산술 연산 후 대입 연산자를 사용하여, 정수 값 두 개(시작할 값, 증가할 값)를 입력 받은 뒤 첫 번째 값에 두 번째 값을 계속 더해가면서 나오는 숫자 4개를 출력하는 프로그램을 작성하시오. 예를 들어 시작할 값이 17, 증가할 값이 5로 입력되었다면 다음과 같은 출력이 나와야 한다.

> 17 22 27 32

※ 산술 연산 후 대입 연산자의 오른쪽에는 "a += 3;"과 같이 상수도 사용할 수 있지만, "a += b;"와 같이 변수도 사용할 수 있다.

05 연습문제 4번을 수정하여 정수 값 하나를 입력 받은 뒤 그 값을 1씩 증가시켜가며 숫자 4개를 출력하는 프로그램을 작성하시오. 단, 대입 연산자가 아니라 증감 연산자를 사용한다. 예를 들어 시작할 값이 17로 입력되었다면 다음과 같은 출력이 나와야 한다.

```
17 18 19 20
```

05 조건분기

지금까지 작성한 모든 프로그램은 위에서 아래로, 한 문장 한 문장 씩 건너뛰지 않고 실행되었다. 이것을 순차실행이라고 부른다. 그러나 실제 프로그램을 작성하다 보면 어느 문장은 상황에 따라 건너뛰기도 하고, 어느 문장은 여러 번 반복해서 실행해야 하는 경우가 많이 발생하게 된다. 이럴 때 사용하여 프로그램의 실행 흐름을 바꾸어 주는 문장을 제어문이라고 하는데, 이것은 프로그램의 실행 흐름을 제어한다는 뜻에서 붙여진 이름이다.

제어문은 다음과 같이 나누어 볼 수 있다.

[그림 5-1] 제어문의 종류

제어문은 크게 분기문과 반복문으로 나누어진다. 분기문은 프로그램 코드 중 어느 위치로 가서 다음 실행을 할지를 결정하는 문장을 의미하며, 반복문은 특정 코드를 반복해서 실행하는 문장을 의미한다. 분기문은 다시 조건 분기와 무조건 분기로 나누어지며, 조건 분기는 주어진 상황에 따라 다음에 실행할 문장을 결정하는 문장을 의미하고, 무조건 분기는 조건을 따지지 않고 무조건 특정한 위치로 프로그램의 흐름을 바꾸는 문장을 의미한다.

이 장에서는 이렇게 프로그램의 실행 흐름을 제어하는 방법 중 조건 분기에 대해서 공부한다. 이 장에서 다루는 내용은 다음과 같다.

● **if를 이용한 조건 분기**

　조건 분기의 개념과 관계 연산자의 사용법을 살펴보고 if문을 활용하여 어떤 프로그램들을 작성할 수 있는지 공부한다.

● **if ~ else 구조**

　if문에 else를 추가하여 사용하는 방법과 그 효과에 대해서 공부한다.

● **코드 블록의 사용**

　다수의 문장을 하나로 묶어 코드 블록으로 만드는 방법을 살펴보고, 그 효과에 대해 공부한다.

● **논리 연산자**

　논리 연산자를 이용하여 상대적으로 복잡한 조건식을 작성하는 방법을 살펴본다.

● **if ~ else if 구조**

　else if 구조를 이용하여 다중 분기문을 구현하는 방법을 공부한다.

5.1 if를 이용한 조건 분기

5.1.1 조건분기의 개념

　조건 분기란 조건에 따라 실행할 문장을 결정하는 것을 말한다. 예를 들어, 입력받은 점수가 60점 이상이면 "합격"이라고 출력하고, 60점 미만이면 아무 것도 출력하지 않는 프로그램을 생각해보자. 지금까지 배운 것만으로는 "만약 점수가 60 이상이면"을 표현할 수 없다. 표현할 수 없는 부분을 그냥 한글로 적어놓는다면, 프로그램은 다음과 같이 될 것이다.

```
var score = Number(prompt('점수: ', ''));
만약 score 값이 60 이상이면
    document.write('합격');
```

위의 예에서 "만약 score 값이 60 이상이면"을 프로그램으로 옮기기 위해서는 if 문을 사용하면 된다. if 문의 기본적인 형태는 다음과 같다.

```
if (조건식)
    문장;
```

이렇게 작성된 코드는, 만약 "조건식"이 참이면 "문장"을 실행하며, 조건식이 거짓이라면 딸려있는 문장을 실행하지 않고 건너 뛰어 버린다. 이것을 그림으로 표현하면 다음과 같다.

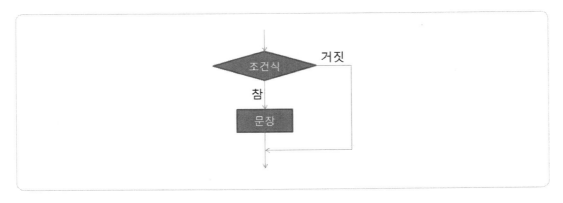

[그림 5-2] if문의 실행

이제 위에서 한글로 적어 놓았던 부분을 프로그램으로 한 단계씩 바꾸어 보면 다음과 같다.

```
        만약 score 값이 60 이상이면
            document.write('합격');

    ⇒ 만약 (score >= 60)이 참이면
        document.write('합격');
```

```
⇒ if   (score )= 60)
        document.write('합격');
```

5.1.2 관계 연산자

위의 프로그램에서 조건식을 기술하는데 ")="이 사용되었다. 이렇게 두 값을 비교하는,
즉 두 값의 관계를 알아내는데 사용하는 연산자를 관계 연산자라고 한다. 자바스크립트에서
사용할 수 있는 관계 연산자와 그 의미는 다음과 같다. 아래에 적은 a, b는 꼭 변수 a와 b를
의미하는 것이 아니다. a, b가 적힌 자리에 변수도 올 수 있고, 상수도 올 수 있다고 생각하
고 읽기 바란다.

연산자	의미
a 〉 b	a가 b보다 크다.
a 〈 b	a가 b보다 작다.
a 〉= b	a가 b보다 크거나 같다.
a 〈= b	a가 b보다 작거나 같다.
a == b	a가 b와 같다.
a != b	a가 b와 같지 않다.

관계 연산자는 거의 대부분 if 문 또는 뒤에 배울 반복문의 조건식으로 사용되지만, 꼭 if
문이나 반복문의 일부로만 사용되는 것은 아니며, 기본적으로는 참 또는 거짓을 계산해내는
연산자이다. 즉, + 연산자가 자신의 좌우에 적힌 값들의 합계를 계산하여 결과 값으로 정수
를 하나 만들어 주는 것이라면, 관계 연산자는 좌우에 적힌 값들의 대소를 비교하여 결과 값
으로 참 또는 거짓을 알려주는 연산자이다. 다음 프로그램을 보자.

예제 5-1   관계 연산자 (5-1.html)

```
1: 〈!DOCTYPE html〉
2: 〈html〉
3: 〈body〉
4:   〈script type="text/javascript"〉
```

```
5:       document.write('첫 번째 출력 : ', 5 >= 10, '<br>');
6:       document.write('두 번째 출력 : ', 5 < 10, '<br>');
7:    </script>
8: </body>
9: </html>
```

첫 번째 출력 : false
두 번째 출력 : true

　5번 행에서 관계 연산자인 ">="는 (5 >= 10)가 거짓이라고 판정하고 false 값을 결과로 내놓는다. 그리고 6번 행에서는 관계 연산자인 "<"가 (5 < 10)는 참이라고 판정하고 true를 결과로 내 놓는다. 결국 if 문은 이렇게 관계 연산자가 다 비교하고 알려준 참/거짓 여부에 따라, 참이면 뒤따르는 문장을 실행하고, 거짓이면 실행하지 않는 단순한 작업만 하는 것이다.

　이제, 본래의 얘기로 돌아와서 점수가 60 이상이면 "합격"을 출력하는 프로그램을 완성하여 보면 다음과 같다.

예제 5-2　간단한 if문의 사용 (5-2.html)

```
1: <!DOCTYPE html>
2: <html>
3: <body>
4:    <script type="text/javascript">
5:       var score = Number(prompt('점수: ', ''));
6:
7:    if (score >= 60)
8:        document.write('합격');
9: </script>
```

실행결과

합격　　　　🖝 실행 시 65(60 이상의 값)를 입력했다면, "합격"이라고 출력
　　　　　　🖝 실행 시 55(60 미만의 값)를 입력했다면, 아무 것도 출력하지 않음

5.1.3 들여쓰기

여기에서 한 가지 짚고 넘어가야 할 것이 있다. "if (score >= 60)"과 document.write가 두 줄로 나누어 써져 있고, 나중에 나오는 document.write는 if 문 보다 몇 칸 들여 써져 있음에 주목하기 바란다. 이렇게 프로그램을 좀 더 읽게 쉽게 특정한 문장을 몇 칸 뒤에서 시작하는 것을 들여쓰기라 한다. 적절하게 들여쓰기 된 프로그램은 그렇게 않는 프로그램보다 훨씬 읽기 쉽다. 들여쓰기가 잘 되어 있지 않은 예를 보자.

```
if (score >= 60) document.write('합격');

if (score >= 60)
document.write('합격');
```

첫 번째 예제는 그다지 나쁘지 않다고 느낄 수도 있지만, 그것은 이 예제의 조건식이 아주 간단한 형태이기 때문이다. 이 두 가지 사례를 예제 5-1의 if 문과 비교해 보자.

```
if (score >= 60)
    document.write('합격');
```

이것이 앞의 두 사례보다는 훨씬 프로그램의 구조를 알아보기가 편하다. 그것은 들여쓰기를 하면 if 와 조건식이 분명하게 드러나고, 뒤에 따라오는 document.write는 이 if 문에 종속되는 문장이라는 것이 쉽게 눈에 뜨이기 때문이다. 들여쓰기는 if 뿐 아니라 프로그램의 흐름을 제어하는데 사용되는 모든 형태의 제어문에 사용되는데, 제어문의 형식이 복잡할수록 더더욱 필수적이 된다. 제어문에 일관된 기준을 가지고 들여쓰기를 하는 것은 알아보기 쉬운 프로그램을 작성하는 기본이 되므로, 프로그래밍 실습을 하면서 항상 들여쓰기에 신경 써서 습관이 되도록 하는 것이 좋다.

5.1.4 if문의 활용

이제 예제를 하나 보도록 하자.

짝수여부 판단 (5-3.html)

```
1: <!DOCTYPE html>
2: <html>
3: <body>
4:    <script type="text/javascript">
5:        var n = Number(prompt('정수를 입력: ', ''));
6:
7:        if (n % 2 == 0)
8:            document.write(n, '은 짝수');
9:    </script>
10: </body>
11: </html>
```

실행결과

6을 입력했다고 가정했을 때

6은 짝수   ☞ 실행 시 6(짝수)을 입력했다면, 짝수라고 출력

              ☞ 실행 시 7(홀수)을 입력했다면, 아무 것도 출력하지 않음

이 프로그램은 n이라는 이름으로 전달된 숫자가 짝수이면 짝수라고 출력하고, 홀수라면 아무 말도 하지 않는 프로그램이다. 어떤 숫자가 짝수인지 홀수인지 구분하기 위해서는 7행과 같이 2로 나눈 나머지를 이용한다. 2로 나눈 나머지가 0이면 짝수이고 1이면 홀수이기 때문이다.

앞에서 관계연산자를 설명하면서 관계연산자는 "score > 60"과 같이 "변수 > 상수" 형태로 쓸 수도 있지만 "a > b"와 같이 "변수 > 변수"의 형태도 가능하다고 얘기했었다. 다음 예제를 보자.

```
1: <!DOCTYPE html>
2: <html>
3: <body>
4:   <script type="text/javascript">
5:       var a = Number(prompt('첫 번째 숫자: ', ''));
6:       var b = Number(prompt('두 번째 숫자: ', ''));
7:
8:      if (a > b)
9:          document.write('첫 번째 숫자가 더 큽니다.');
10:   </script>
11: </body>
12: </html>
```

실행결과

첫 번째 숫자가 더 큽니다.   ☞ 실행 시 5와 3을 입력했다고 가정

이 프로그램은 변수 a와 b에 숫자를 입력받는다. 그리고 8번 행 if 문의 조건식에서 a에 담긴 값이 b보다 크다면 이 사실을 알려주고, 그렇지 않다면 아무 응답도 하지 않는다.

5.2 if ~ else 구조

위의 예제들에서는 조건을 만족하지 않을 경우 단순하게 실행을 하지 않으면 그 뿐이었지만, 이보다는 조금 복잡한 경우가 종종 발생한다. 조건의 만족 여부에 따라 두 개의 문장 중 하나만을 실행하는 경우가 그것이다. 예를 들어 점수가 60점 이상이면 "합격", 그렇지 않으면 (60점 미만이면) "불합격"을 출력하는 프로그램을 생각해 보자. 이 프로그램을 if 문만을 사용하여 작성하려면 다음과 같이 할 수밖에 없다.

```
 1: ⟨!DOCTYPE html⟩
 2: ⟨html⟩
 3: ⟨body⟩
 4:    ⟨script type="text/javascript"⟩
 5:       var score = Number(prompt('점수: ', ''));
 6:
 7:       if (score >= 60)
 8:          document.write('합격');
 9:       if (score < 60)
10:          document.write('불합격');
11:    ⟨/script⟩
12: ⟨/body⟩
13: ⟨/html⟩
```

실행결과

합격	☞ 실행 시 65(60 이상의 값)를 입력했다면, "합격"이라고 출력
불합격	☞ 실행 시 55(60 미만의 값)를 입력했다면, "불합격"이라고 출력

보면 알겠지만, 서로 완전히 반대되는 (동시에 일어날 수 없는) 조건이 반복해서 쓰여서 프로그램이 복잡해 보인다. 또 프로그램을 읽는 입장에서도 두 개의 if 문이 서로 관계있는 것이라는 걸 알기 위해서는 두 조건식을 찬찬히 읽어 봐야 한다.

이러한 경우에 사용할 수 있는 구조가 if ~ else 구조이다. 그 형태는 다음과 같다.

```
if (조건식)
   문장1;
else
   문장2;
```

이 형태의 의미는 "조건식"이 참이면 "문장1"을, 거짓이면 "문장2"를 실행하라는 것이다. 즉, "문장1" 또는 "문장2" 중 한 문장만 실행되며, 둘 중에 한 문장은 반드시 실행된다. 이것을 그림으로 표현하면 다음과 같다.

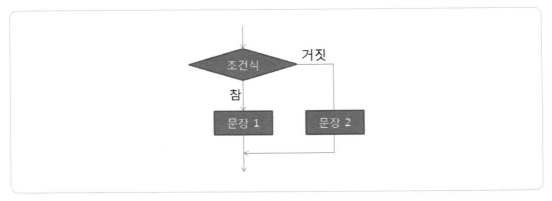

[그림 5-3] if ~ else문의 실행

이제 if ~ else 구조를 이용하여 앞의 예제를 고쳐보자.

예제 5-6 if ~ else의 사용 (5-6.html)

```
 1: ⟨!DOCTYPE html⟩
 2: ⟨html⟩
 3: ⟨body⟩
 4:    ⟨script type="text/javascript"⟩
 5:       var score = Number(prompt('점수: ', ''));
 6:
 7:       if (score >= 60)
 8:          document.write('합격');
 9:       else
10:          document.write('불합격');
11:    ⟨/script⟩
12: ⟨/body⟩
13: ⟨/html⟩
```

실행결과

합격	☞ 실행 시 65(60 이상의 값)를 입력했다면, "합격"이라고 출력
불합격	☞ 실행 시 55(60 미만의 값)를 입력했다면, "불합격"이라고 출력

프로그램이 훨씬 단순해졌고 알아보기도 쉽다. 60점 이상이면 합격이고 그렇지 않으면 불합격이라고 우리들이 머릿속에 생각하는 것을 그대로 프로그램으로 옮겨 적었기 때문이다.

이제 if-else를 배웠으니, 짝수와 홀수를 구분하는 완전한 프로그램을 작성해 보도록 하자.

예제 5-7 **짝수, 홀수 판단 (5-7.html)**

```
 1: <!DOCTYPE html>
 2: <html>
 3: <body>
 4:    <script type="text/javascript">
 5:        var n = Number(prompt('정수를 입력: ', ''));
 6:
 7:        if (n % 2 == 0)
 8:            document.write(n, '은 짝수');
 9:        else
10:            document.write(n, '은 홀수');
11:    </script>
12: </body>
13: </html>
```

실행결과

7은 홀수 ☜ 실행 시 7을 입력했다고 가정했을 때
6은 짝수 ☜ 실행 시 6을 입력했다고 가정했을 때

5.3 코드 블록의 사용

여기서 한 가지 더 생각해야 할 것이, 코드 블록의 사용이다. 자바스크립트에서는 어떤 제어 구조(지금까지 배운 것은 if와 else 뿐이지만)에 종속된 문장이 두 문장 이상일 경우, 이것을 하나의 블록으로 묶을 수 있다. 예를 들어 "score >= 60" 이면 다음 두 문장을 실행하는 프로그램을 생각해 보자.

```
document.write('축! ');
document.write('합격');
```

그러나 다음과 같이 프로그램을 작성하면 원하는 대로 동작하지 않는다.

```
if (score >= 60)
    document.write('축! ');
    document.write('합격');
```

이 프로그램은 60점 이상이면 "축! 합격"이 출력되고, 60점 미만이면 "합격"이 출력되는 식으로 동작할 뿐, 우리가 원하는 데로 "축! 합격"이 다 출력되거나 아주 하나도 출력 되지 않는 식으로 동작하지는 않는다.

지금까지 배운 것만으로 우리가 원하는 프로그램을 작성하려면 다음과 같이 해야 한다.

```
if (score >= 60)
    document.write('축! ');
if (score >= 60)
    document.write('합격');
```

이렇게, 조건에 따라 수행 여부를 결정할 문장 수만큼 if문을 사용하면 원하는 결과를 얻어낼 수는 있지만, if 조건식이 매 문장마다 반복되므로 프로그램이 보기 좋지 않다. 게다가 이 프로그램은 단지 2개 문장뿐이므로 그나마 이렇게 하는 것이지, 만약 조건식에 따라 같이 움직여야 할 문장이 20줄, 30줄이라면 이렇게 프로그래밍을 할 수는 없다.

코드 블록은 이런 때에 사용할 수 있다. 코드 블록을 만드는 방법은 간단해서, 한 문장처럼 묶이기를 원하는 문장들을 "{ }"로 둘러싸주기만 하면 된다. 위의 프로그램은 다음과 같이 할 수 있다.

```
if (score >= 60) {
    document.write('축! ');
    document.write('합격');
}
```

if 문의 입장에서는 조건식 바로 뒤에 { } 가 나오면, 이 안에 실제 문장이 몇 개가 있든 하나의 문장처럼 다루어 준다. 코드 블록이 시작되면 들여쓰기를 해준다는 점도 주의 깊게 살펴보고 기억해두도록 하자.

5.4 논리 연산자

if 문의 조건식을 작성하다보면, 하나의 조건식으로는 원하는 조건을 표현하기 어려운 경우가 종종 발생한다. 예를 들어, 두 사람의 점수를 입력받고, 이 두 사람의 점수가 모두 60 이상이면 "모두 합격입니다"라고 출력하는 프로그램을 생각해 보자. 표현할 수 없는 부분을 한글로 적더라도 일단 프로그램을 작성해본다면 다음과 같은 형태가 된다.

```
var score1 = parseInt(prompt('첫 번째 점수: ', ''));
var score2 = parseInt(prompt('두 번째 점수: ', ''));
만약 (score1 >= 60) 이고 (score2 >= 60) 이면
    document.write('모두 합격입니다.');
```

이런 복잡한 조건식, 즉 두 조건이 조합되어 사용되는 경우를 위해 논리 연산자가 존재한다. 각각의 논리 연산자와 예를 보면 다음과 같다.

연산자	의미
&&	"~ 이고 ~"의 의미. 두 조건식이 모두 참이면 전체 조건식이 참이 됨.
||	"~ 또는 ~"의 의미. 두 조건식 중 하나 이상이 참이면 전체 조건식이 참이 됨.
!	"~가 아니면"의 의미. 뒤에 따르는 조건식의 참 거짓을 뒤집어 줌.

이제 위의 예에서 한글로 적은 부분을 올바르게 자바스크립트로 바꾸면 다음과 같이 할 수 있다.

```
만약 (score1 >= 60) 이고 (score2 >= 60) 이면
    document.write('모두 합격입니다.');
```

```
⇒ if (score1 )= 60 && score2 )= 60)
    document.write('모두 합격입니다.');
```

예를 조금 바꾸어, 작성하려는 프로그램이 두 점수 중 하나라도 60이 넘으면 "합격자가 있습니다."를 출력하는 것이라고 하자. 그렇다면 "||"를 사용하여 다음과 같이 할 수 있다.

```
만약 (score1 )= 60) 또는 (score2 )= 60) 이면
    document.write('합격자가 있습니다.');

⇒ if (score1 )= 60 || score2 )= 60)
    document.write('합격자가 있습니다.');
```

마지막으로, 점수가 60 이상이 되지 않는다면 "불합격입니다."라고 출력하는 프로그램을 작성한다고 하자. "!"를 사용하여 다음과 같이 프로그램을 작성할 수 있다.

```
만약 (score1 )= 60) 이 아니면
    document.write('불합격입니다.');

⇒ if ( !(score1 )= 60) )
    document.write('불합격입니다.');
```

물론, 이 경우에는 조건식을 아예 뒤집어서 if (score ⟨ 60)이라고 적어 줄 수도 있지만, 프로그램을 하다보면 "!"을 이용해서 적어 준 조건식이 사람이 생각하는 방식과 일치해서, 조건식을 작성하기 쉬워지는 경우가 있다. "!" 연산자는 그런 때에 사용하게 된다.

논리 연산자를 사용한 복잡한 논리식을 하나 만들어 보자. 올해가 몇 년인지 입력하면 윤년인지 아닌지를 알려주는 프로그램이다. 다음의 2가지 경우 중 하나이면 윤년이라고 할 수 있다.

• 주어진 년도가 4로는 나누어지면서 100으로는 나누어지지 않으면 윤년

- 또는, 400으로 나누어지는 년도는 윤전

예를 들어, 서기 4, 8, 12년, 400, 800년은 윤년이고, 5, 10년, 100, 200, 300, 500년은 윤년이 아니다. 이제 프로그램을 보자.

예제 5-8　윤년 여부를 판단 (5-8.html)

```
1: <!DOCTYPE html>
2: <html>
3: <body>
4:    <script type="text/javascript">
5:        var y = Number(prompt('연도를 입력: ', ''));
6:
7:        if ((y % 4 == 0 && y % 100 != 0) || (y % 400 == 0))
8:            document.write(y + '년은 윤년입니다.');
9:        else
10:            document.write(y + '년은 윤년이 아닙니다.');
11:    </script>
12: </body>
13: </html>
```

실행결과

2014년은 윤년이 아닙니다.

5.5 if ~ else if 구조

이야기를 시작하기 위해서, 점수를 입력받아 학점을 출력하는 프로그램을 생각해 보자. 프로그램을 간단히 하기 위하여 점수는 반드시 0부터 100 사이의 값만 입력된다고 가정하면, 점수를 보고 학점을 판별하여 출력하는 부분을 한글로 적으면 다음과 같을 것이다.

점수가 90점 이상이면 "A"

점수가 80점 이상이면 "B"

점수가 70점 이상이면 "C"

점수가 60점 이상이면 "D"

점수가 60점 미만이면 "F"

위에 적어 놓은 내용을 보고 if 만을 사용하여 다음과 같이 프로그램을 작성하면 된다고 생각하는 사람이 있을 수도 있겠다. 그러나 실행 결과를 보면 알겠지만, 이 프로그램은 잘못된 것이다.

예제 5-9 잘못 작성된 학점 출력 프로그램의 예 (5-9.html)

```
1: <!DOCTYPE html>
2: <html>
3: <body>
4:    <script type="text/javascript">
5:        var score = Number(prompt('점수: ', ''));
6:
7:        if (score >= 90)
8:            document.write('A');
9:        if (score >= 80)
10:            document.write('B');
11:        if (score >= 70)
12:            document.write('C');
13:        if (score >= 60)
14:            document.write('D');
15:        if (score < 60)
16:            document.write('F');
17:    </script>
18: </body>
19: </html>
```

실행결과

ABCD   📝 실행 시 95를 입력했다고 가정한다.

왜 이런 이상한 결과가 나오는 것일까, 그것은 원래 우리가 생각했던 의도를 프로그램에 정확히 반영하지 않았기 때문이다. 실제 문제의 의도를 정확히 한글로 다시 적어보면 다음과 같다.

> 90점 이상이면 "A"
> 90점 이상이 아니고 80점 이상이면 "B"
> 80점 이상이 아니고 70점 이상이면 "C"
> 70점 이상이 아니고 60점 이상이면 "D"
> 60점 미만이면 "F"

즉, 점수가 80점 이상이라고 무조건 B가 아니고, 90점 이상이 아니면서 80 이상이어야 B가 되는 것이다. 이런 의도를 모두 담아서 프로그래밍을 하려면 if 문 부분이 다음과 같이 다시 작성되어야 한다.

```
if (score >= 90)
    document.write('A');
if (score < 90 && score >= 80)
    document.write('B');
if (score < 80 && score >= 70)
    document.write('C');
if (score < 70 && score >= 60)
    document.write('D');
if (score < 60)
    document.write('F');
```

물론 이렇게 고친 프로그램은 우리가 본래 원하던 대로 동작한다. 그러나 프로그램이 아무래도 좀 지저분해 보인다. 프로그램을 작성하다 보면 이 예제와 같이 어떤 조건을 체크하고, 그렇지 않으면 다음 조건, 또 그렇지 않으면 다음 조건을 체크하는 구조를 가진 프로그램을 종종 작성해야 하는데, 이럴 때 사용할 수 있는 것이 if ~ else if 구조이다. 그 형식은 다음과 같다.

```
if (조건식1)
    문장1;
else if (조건식2)
    문장2;
else if (조건식3)
    문장3;
...
else
    문장n;
```

그 의미는 다음과 같다.

```
"조건식1"이 참이면
    "문장1"을 실행하고 빠져나감
그렇지 않은 경우, "조건식2"가 참이면
    "문장2"를 실행하고 빠져나감
그렇지 않은 경우, "조건식3"이 참이면
    "문장3"을 실행하고 빠져나감
...
그렇지 않으면
    "문장n"을 실행하고 빠져나감
```

이것을 그림으로 표시하면 다음과 같다.

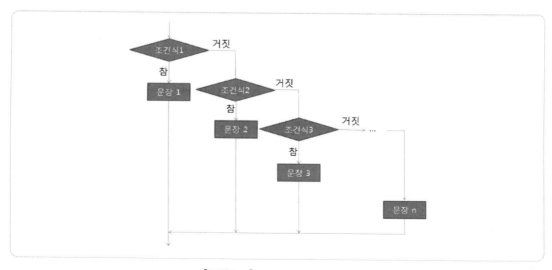

[그림 5-4] if ~ else if문의 실행

즉, else if 구조를 사용하면 학점 부여 프로그램을 깨끗하게 작성할 수 있다. 먼저 한글로 그 명확한 의미를 생각해 보자.

90점 이상이면 "A"
90점 이상이 아니고 80점 이상이면 "B"
80점 이상이 아니고 70점 이상이면 "C"
70점 이상이 아니고 60점 이상이면 "D"
60점 미만이면 "F"
↓
90점 이상이면 "A"
그렇지 않고, 80점 이상이면 "B"
그렇지 않고, 70점 이상이면 "C"
그렇지 않고, 60점 이상이면 "D"
그렇지 않으면   "F"

결국 이 프로그램은 else if를 사용할 수 있는 경우임을 알 수 있다. 최종적으로 프로그램은 다음과 같이 정리될 수 있다.

예제 5-10 else if를 사용한 학점 출력 프로그램 (5-10.html)

```
 1: ⟨!DOCTYPE html⟩
 2: ⟨html⟩
 3: ⟨body⟩
 4:    ⟨script type="text/javascript"⟩
 5:       var score = Number(prompt('점수: ', ''));
 6:
 7:       if (score ⟩= 90)
 8:          document.write('A');
 9:       else if (score ⟩= 80)
10:          document.write('B');
11:       else if (score ⟩= 70)
12:          document.write('C');
13:       else if (score ⟩= 60)
14:          document.write('D');
15:       else
```

```
16:        document.write('F');
17:    </script>
18: </body>
19: </html>
```

A   ☞ 실행 시 95를 입력했다고 가정한다.

프로그램이 훨씬 간단해지고 알아보기도 쉬워졌다. 이제 else if 구조를 활용한 다른 예로서, 우리가 고속도로에서 많이 볼 수 있는 전광판을 프로그램 하는 중이라고 생각하자. 고속도로의 어느 구간에서 자동차들의 평균속도(시속)를 입력받아 다음과 같이 출력해야 한다.

90이상 : 소통원활
70 <= 속도 < 90 : 대체로 원활
50 <= 속도 < 70 : 정체
50 미만 : 극심한 정체

예제 5-11 교통상황 출력 (5-11.html)

```
1: <!DOCTYPE html>
2: <html>
3: <body>
4:    <script type="text/javascript">
5:        var speed = Number(prompt('속도: ', ''));
6:
7:        if (speed >= 90)
8:            document.write('소통원활');
9:        else if (speed >= 70)
10:           document.write('대체로 원활');
11:       else if (speed >= 50)
12:           document.write('정체');
13:       else
14:           document.write('극심한 정체');
15:    </script>
```

```
16: </body>
17: </html>
```

소통원활   ☞ 실행 시 95를 입력했다고 가정한다.

속도 구간을 얘기할 때, 70이상 90 미만, 50이상 70 미만이라는 표현이 나오긴 하지만, 결국은 학점 처리 예제와 똑같은 상황임을 알 수 있다. 예를 들어 7번 행까지 조건식을 따져 보아야 하는 상황이라면 이미 90 미만임을 확신할 수 있으므로 speed 값이 70보다 큰지만 판단하면 되는 것이다.

확인학습

01 가장 단순한 if문의 형식을 적어보시오.

02 if - else 문의 형식을 적어보시오.

03 여러 문장을 하나의 코드 블록으로 묶어 줄 때 사용하는 문자는?

04 다음 프로그램을 실행시켜 보고, 왜 그런 출력이 나오는지 생각해 보시오. 또, a의 초기 값
을 8로 바꾸어 보고 실행시킨 후 왜 그런 출력이 나오는지 생각해 보시오.

```
var a = 5;
var b = 10;

if (a > 7 && b > 7)
    document.write('모두 7보다 큽니다.');
if (a > 7 || b > 7)
    document.write('a 또는 b가 7보다 큽니다.');
if (!(a > 7))
    document.write('a가 7보다 크지 않습니다.');
```


05 if - else if - else 문의 형식을 적어보시오.

확인학습 정답

01

```
if (조건식)
    문장;
```

02

```
if (조건식)
        문장1;
else
        문장2;
```

03 { }

04
- 실행결과 : a 또는 b가 7보다 큽니다. a가 7보다 크지 않습니다.
- 설명 : a 〉 7는 거짓이고, b 〉 7은 참이다. 첫 번째 조건식에서는 이것에 "&&" 연산을 하였으므로 전체 조건이 거짓, 두 번째 조건식에서는 "||" 연산을 하였으므로 전체 조건이 참, 그리고 세 번째는 거짓 값에 "!" 연산을 하였으므로 참이 된다.
- a의 값을 8로 바꾼 실행 결과 : 모두 7보다 큽니다. a 또는 b가 7보다 큽니다.

05

```
if (조건식1)
        문장1;
else if (조건식2)
        문장2;
else if (조건식3)
        문장3;
...
else
        문장n;
```

연습문제

01 예제 5-2를 수정하여, 점수를 입력받은 뒤 그 점수가 100점이면 "축하합니다."를 출력하는 프로그램을 작성해보시오.

02 예제 5-6을 수정하여, 정수를 하나 입력 받은 뒤 그 숫자가 음수인지, 혹은 0 또는 양수인지 출력하는 프로그램을 작성해보시오. 프로그램 주요 부분의 의사 코드(Pseudo Code)는 다음과 같다.

> 입력받은 숫자가 0보다 작으면
>   "음수입니다"라고 출력
> 그렇지 않으면
>   "0 또는 양수입니다"라고 출력

03 다음 두 프로그램 코드의 차이점을 설명하시오.

```
if (score >= 60)                          if (score >= 60) {
    document.write('축! ');                   document.write('축! ');
    document.write('합격');                   document.write('합격');
                                          }
```

04 어느 놀이공원의 입장료는 5,000원이다. 그러나 7세 이하 또는 60세 이상의 사람은 50% 할인을 적용하여 2,500원을 입장료로 받는다. 입장하려는 사람의 나이를 입력하면 입장료가 얼마인지를 출력하는 프로그램을 작성하시오.

05 정수 두 개와 계산의 종류를 입력 받고, 사칙연산(+, −, *, /)을 하는 프로그램을 작성하시오. 이를 위해서 두 개의 숫자와 연산자, 이렇게 3개의 값을 입력받는다.

※ 주의 : 나눗셈을 할 때는, 나눌 값이 0인지 먼저 검사하여
   − 0이면 계산할 수 없다고 출력
   − 0이 아니면, 나눗셈한 결과와 나머지를 출력

※ 프로그램을 쉽게 짜는 방법
   − 먼저, 4칙 연산을 구현하되 0으로 나누는 경우는 생각하지 말고 작성한 뒤 테스트
   − 이것이 완성되면 나눗셈하는 부분에 0으로 나누려고 하는 경우를 처리하도록 코드를
     덧붙임

06 반복문과 기타제어문

반복문이란 특정 동작(코드)을 반복해서 실행하도록 하는 문장을 의미한다. 자바스크립트에서 반복문은 while, for, 그리고 do ~ while의 3가지 형태가 있다. 이 장에서는 다음과 같은 내용을 학습한다.

◉ while 반복문

while은 가장 단순한 형태의 반복문이다. while 반복문을 통해 반복문의 개념을 이해하고, 활용 방법을 공부한다.

◉ for 반복문

for는 실제 프로그램에서 가장 많이 사용되는 반복문이다. for를 활용하여 프로그램을 작성하는 방법을 살펴본다.

◉ do ~ while 반복문

do ~ while은 사용 빈도는 높지 않지만, 특정한 상황에서는 깔끔한 반복문을 작성하는데 도움을 준다. 이것을 이용하여 반복문을 구성하는 방법을 공부하고 while과의 차이점을 살펴본다.

◉ break와 continue

반복문 내부에서 프로그램의 실행 흐름을 변경할 때 사용하는 break와 continue를 공부한다.

- **switch ~ case**

특정한 조건을 만족하는 if ~ else if 구조를, switch 문을 이용하여 보기 좋게 프로그래밍하는 방법을 공부한다.

6.1 while 반복문

예를 들어, 화면에 "*" 표시를 하나 찍는 코드를 생각해보자. 아래와 같이 간단하게 할 수 있다.

```
document.write('*');
```

그러면 이제, 화면에 "*" 표시를 10개 찍는 코드를 생각해보자. 좀 귀찮기는 하지만 "*"을 10번 타이핑해주면 될 것이다.

```
document.write('**********');
```

그렇다면, 화면에 "*" 표시를 100개 찍는 코드는 어떻게 짜야 할까? 똑같은 방법으로 "*"을 100번 찍어 주면 되는 걸까? 그나마 100번이니 그렇게라도 한다지만, 만약 "*"을 1000번 찍어야 한다면 어떻게 해야 할까? 바로 이런 상황에서 반복문이 필요하게 된다. 즉, 다음과 같은 의도를 그대로 프로그램으로 표현할 수 있는 방법이 필요하다는 것이다.

```
다음 문장을 100번 반복
    document.write('*');
```

위에서 "다음 문장을 100번 반복"이라고 한글로 쓰인 것을 그대로 자바스크립트 코드로 표현할 수 있다면, 이렇게 같은 작업을 여러 번 반복해서 수행해야 하는 상황을 쉽게 프로그래밍 할 수 있을 것이다. 이럴 때 사용하는 것이 반복문이다.

while은 자바스크립트에서 제공하는 반복문 중 가장 간단한 형태를 가지며 그 형식은 다음과 같다.

```
while (조건식)
    문장;
```

우리가 지난 장에서 배웠던 if문과 비슷한 형식이라는 것을 알 수 있다. if가 while로 바뀐 것 말고는 똑같은 모양을 가지고 있다. 다만, "if (조건식) 문장"은 조건식이 참이면 뒤의 문장을 실행하고, 거짓이면 그냥 넘어가 버리는 데 비해, "while (조건식) 문장"은 조건식이 참인 동안 문장을 반복해서 실행한다는 차이점을 가지고 있다. 더 정확히 얘기하면, "조건식"이 참이면 "문장"을 실행하고 다시 조건 검사로 되돌아가지만, 거짓이면 다음 문장으로 넘어가는 구조이다.

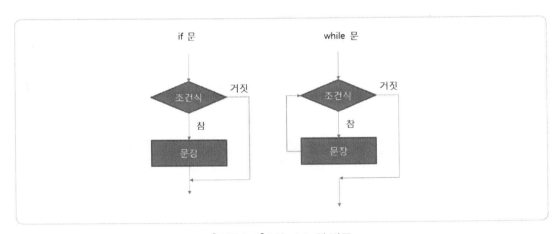

[그림 6-1] if와 while의 비교

단순한 예를 하나 보자.

```
while (1 < 2)
    document.write('*<br>');
```

위의 프로그램은 바로 앞에서 얘기했던 while 문의 형식에 맞도록 작성되었다. "1 < 2"가 조건식이고, document.write('*
')이 반복해서 실행할 문장에 해당한다. 그런데,

"1 〈 2"에서 1, 2는 모두 상수이므로 조건식이 항상 참이 된다. 따라서 뒤의 문장이 끝이 없이 무한히 반복되는 것이다. 즉 별 표시가 계속 해서 출력된다. 다만 실제로는 이 프로그램을 실행해 보지 않는 것이 나을 것이다. 프로그램이 끝나지 않고 계속해서 "*"을 출력하기 때문이다.

비슷한 프로그램을 하나 더 보자.

```
while (1 〈 2) {
    document.write('*');
    document.write('*〈br〉');
}
```

"while (조건식)" 부분은 앞의 예와 같은데, 문장 부분이 한 문장이 아니라 코드 블록으로 되어 있다. if 와 마찬가지로 코드 블록은 while에게 한 문장으로 취급되므로, 조건이 참인 동안에는 코드 블록에 들어있는 문장들이 계속해서 반복 실행된다. 즉 화면에 다음과 같은 내용이 출력된다.

```
**
**
**
... ( "**"이 무한히 출력됨)
```

자, 이제는 좀 더 복잡한 예를 하나 더 생각해 보자. "*"이 아니라, 화면에 "1 2 3 4 ..."와 같이 숫자를 출력하고 싶다면 어떻게 할까? 아마도 다음과 같이 프로그래밍 할 수 있을 것이다.

```
var i = 1;
while (1 〈 2) {
    document.write(i, ' ');
    i++;
}
```

이 프로그램이 앞의 것과 비교해서 가장 크게 달라진 점은 document.write("*") 대신에

document.write(i, ' ')를 사용한 것이다. 고정적으로 "*"을 찍는 것이 아니라 매번의 반복 때마다 계속 다른 숫자를 찍어야 하기 때문이다. 그리고 i의 값을 매번 반복할 때마다 달라지게 하기 위해서 초기 값은 i = 1 으로 놓고, 매번의 출력 직후에 i 값을 1씩 증가시켜 주면 원하는 출력을 얻을 수 있게 된다.

하지만, 아직도 이 예제는 완전하지 않다. 프로그램이 무한히 반복되기 때문이다. 따라서 이번에는 1부터 10까지의 숫자만 출력하도록 위의 예제를 고쳐보자. 그러면 프로그램은 다음과 같이 바뀐다.

예제 6-1 1부터 10까지의 정수를 출력하는 프로그램 (6-1.html)

```
1: <!DOCTYPE html>
2: <html>
3: <body>
4:    <script type="text/javascript">
5:       var i = 1;
6:       while (i <= 10) {
7:          document.write(i, ' ');
8:          i++;
9:       }
10:   </script>
11: </body>
12: </html>
```

실행결과

```
1 2 3 4 5 6 7 8 9 10
```

이 예제가 앞의 예제와 달라진 것은 6행의 조건식 부분뿐이다. "1 < 2"로 항상 참이었던 조건식 대신에 "i <= 10"과 같이 상황(i의 값)에 따라 참, 거짓이 달라질 수 있는 조건식을 써넣은 것이다. 즉, i 값이 10 이거나 10 보다 작을 때는 조건식이 참이 되어 아래의 문장 부분이 실행되지만, 10 보다 큰 경우에는 더 이상 반복문을 실행하지 않고 다음 문장으로 넘어가게 된다.

이 프로그램을 살펴보면 i가 반복의 횟수를 정해주기 위해 사용되었음을 알 수 있다. 이러한 변수를 카운터 변수라고 부른다. 우리가 박물관 같은 곳에 단체 관람을 가서 단체로 표를 살 경우에, 입구에서 매표소 직원이 한 사람 들어갈 때마다 카운터의 버튼을 한 번씩 누르면 거기 적힌 숫자가 하나씩 올라가는 것을 본 기억이 있을 것이다. 위의 프로그램에서 i가 하는 역할이 바로 그 카운터와 같다. 즉, 한번 반복이 실행될 때마다 그 값이 바뀌면서 현재 반복이 몇 번이나 실행되었는지를 알려주는 역할을 하므로 이 변수를 카운터 변수라고 부른다.

이제 다시 정리를 해보자. 반복 횟수를 정확하게 지정해주는 while 문의 기본 형태는 다음과 같다.

```
var i = 1;
while (i <= 반복횟수) {
    실행할 문장;
    ...
    i++;
}
```

단순하게 반복 횟수만 지정하는 경우라면 이 형태로 충분할 것이다. 하지만 좀 더 복잡한 경우를 생각해보자. 만약 1부터 10을 출력하는 것이 아니라 5부터 10까지 출력한다면 어떻게 될까? 다음과 같이 할 수 있을 것이다.

```
var i = 5;
while (i <= 10) {
    document.write(i, ' ');
    i++;
}
```

제일 처음에 있는 "i = 1"을 "i = 5"로 바꾸어 주면 된다는 것을 알 수 있다. 즉 반복문을 처음 시작할 때 i가 가지는 값을 바꾸어 주면 출력을 시작하는 값을 조정할 수 있다. 그렇다면, 5부터 10이 아니라 5부터 20까지의 값을 출력해야 한다면 이 프로그램을 어떻게 고쳐야 할까? 다음과 같이 할 수 있을 것이다.

```
var i = 5;
while (i <= 20) {
    document.write(i, ' ');
    i++;
}
```

결국 위에서 정리한 while 문의 형식에서 "반복횟수"부분을 고치면 된다는 것인데, 엄밀히 얘기하면 그것이 반복횟수가 아니라 while 문의 반복 실행을 할 마지막 값을 의미하기 때문이다.

이제 마지막으로 한 가지 더 생각해 보자. 1부터 10까지 값을 찍기는 하는데 홀수 값만 찍고 싶다면 어떻게 해야 할까? 이것은 다음과 같이 가능하다.

```
var i = 1;
while (i <= 10) {
    document.write(i, ' ');
    i += 2;
}
```

달라진 부분은 i++ 이 i += 2로 바뀐 것이다. 찍어야 할 값이 1, 2, 3, 4처럼 1씩 증가하는 것이 아니라 1, 3, 5, 7 과 같이 2씩 증가해야 하기 때문이다.

이제 지금까지 배운 모든 것을 다 종합해서 문제 하나를 더 생각해보자. 3부터 30 까지 3의 배수를 출력하는 프로그램은 어떻게 작성하면 될까?

```
var i = 3;
while (i <= 30) {
    document.write(i, ' ');
    i += 3;
}
```

위의 프로그램은 우리의 첫 예제(1부터 10까지 정수 출력)와 비교해 보면, 세 부분이 바뀌었다.

i의 초기 값을 세팅하는 부분, 조건식, 그리고 i 값을 증가시키는 부분이 그것이다. 따라서 지금까지 얘기한 내용들을 모두 정리해 보면 카운터 변수를 사용하는 while 문의 일반적인 활용 형태를 다음과 같이 정리할 수 있다.

```
var i = 시작 값;
while (i <= 마지막 값) {
    실행할 문장;
    ...
    i += 증가분;
}
```

위의 형식은 카운터 변수를 i로 고정해서 사용하고 있으므로, 좀 더 일반적인 형식으로 정리해보면 다음과 같다.

```
초기식;
while (조건식) {
    문장;
    ...
    반복식;
}
```

즉, "i = 시작 값"은 카운터 변수의 초기 값을 정하는 문장이므로 초기식이라고 부르고, while 뒤에 붙는 것은 조건식, 그리고 i의 값을 증가시키는 부분은 매번의 반복 때마다 본래 실행하고 싶었던 문장들과 같이 실행되면서 카운터 변수의 값을 증가하거나 감소시키는 문장이므로, 반복식 또는 증감식이라고 부른다.

이 형태만 잘 기억하고 있으면 대부분의 경우에 이 형식에 값 또는 간단한 식만 채워 넣어 반복문을 구성할 수 있을 것이다.

이제 while 반복문을 활용한 사례를 하나 더 생각해보도록 하자. 예제 6-1에서는 1부터 10까지의 정수를 화면에 출력했었다. 이 프로그램을 고쳐서 1부터 10까지 정수들의 합계를 출력하는 프로그램으로 만들 수 있을까? 당연히 가능하다. 다음 프로그램을 보자.

1부터 10까지 정수들의 합계를 출력하는 프로그램 (6-2.html)

```
 1: ⟨!DOCTYPE html⟩
 2: ⟨html⟩
 3: ⟨body⟩
 4:    ⟨script type="text/javascript"⟩
 5:       var sum = 0;
 6:       var i = 1;
 7:       while (i <= 10) {
 8:          sum += i;
 9:          i++;
10:       }
11:       document.write(sum);
12:    ⟨/script⟩
13: ⟨/body⟩
14: ⟨/html⟩
```

실행결과

55

이 예제가 예제 6-1과 달라진 부분은 음영 처리된 부분뿐이다. 반복문을 이용해서 특정 범위의 숫자들의 합계를 구할 때는, 합계를 담을 변수(sum)를 만들어서 0으로 초기화하고, 카운터 변수를 원하는 범위에서 변화시켜 가면서, 그 값을 누적하는 방식을 사용한다. 즉, 카운터 변수 i가 변화함에 따라 sum에 어떤 값이 담기는 지를 정리하면 다음과 같다.

i의 값	sum의 값	sum에 담긴 값의 의미
반복문 시작 전	0	0
1	1	0 + 1
2	3	0 + 1 + 2
3	6	0 + 1 + 2 + 3
4	10	0 + 1 + 2 + 3 + 4
5	15	0 + 1 + 2 + 3 + 4 + 5
6	21	0 + 1 + 2 + 3 + 4 + 5 + 6
7	28	0 + 1 + 2 + 3 + 4 + 5 + 6 + 7
8	36	0 + 1 + 2 + 3 + 4 + 5 + 6 + 7 + 8

i의 값	sum의 값	sum에 담긴 값의 의미
9	45	0 + 1 + 2 + 3 + 4 + 5 + 6 + 7 + 8 + 9
10	55	0 + 1 + 2 + 3 + 4 + 5 + 6 + 7 + 8 + 9 + 10

1부터 10까지 정수들의 합계를 출력해 보았으니, 1부터 10까지 정수들의 곱을 출력하는 프로그램을 작성해 보도록 하자. 예제 6-2에서 크게 바뀌지 않으며, 사실 딱 두 글자만 수정하면 된다.

예제 6-3 ┃ 1부터 10까지 정수들의 곱을 출력하는 프로그램 (6-3.html)

```
 1: <!DOCTYPE html>
 2: <html>
 3: <body>
 4:    <script type="text/javascript">
 5:       var fact = 1;
 6:       var i = 1;
 7:       while (i <= 10) {
 8:          fact *= i;
 9:          i++;
10:       }
11:       document.write(fact);
12:    </script>
13: </body>
14: </html>
```

실행결과

3628800

변수의 이름이 sum에서 fact로 바뀐 것 외에는, 5행과 8행에 음영 처리된 두 글자만 바뀌었을 뿐이다. 8번 행은 우리가 하려는 계산이 곱셈이니 당연히 바뀐 것이다. 또한 합계를 계산할 때는 값을 누적하는 변수가 0부터 시작해야 하지만, 곱셈일 때 0으로 놓았다면 무엇을 곱해도 0이 될 것이다. 곱셈일 경우는 5번 행과 같이 초기 값을 1로 설정해야 한다.

위에서 보았듯이 while을 사용해서 반복 횟수를(정확히는 카운터 변수의 범위를) 정확히 지정해주려면 원래의 while 보다는 복잡한 형식을 가지게 된다. 따라서 이렇게 반복횟수를 지정하는 while 문을 좀 더 간단하게 쓸 수 있도록 해주는 반복문이 필요하게 되었는데, 이것이 for 반복문이다. for 반복문을 정확하게 이해하기 위해서는 while 문과 비교하면서 보는 것이 가장 빠르다.

구분	while	for

형식	초기식;
	while (조건식) {
	　문장;
	　…
	　반복식;
	}
		for (초기식; 조건식; 반복식) {
		　문장;
		}

예제	var i = 1;
	while (i <= 100) {
	　document.write(i);
	　i++;
	}
		for (var i = 1; i <= 100; i++) {
		　document.write(i);
		}

두 반복문의 형식을 보면 쉽게 알 수 있겠지만, while 반복문은 초기식, 조건식, 반복식이 여기 저기 흩어져 있는데 비해, for 반복문은 for 뒤에 순서대로 모여 있다. 따라서 이 부분만 보아도 반복문이 어떻게 실행될 것인지를 쉽게 파악할 수 있고, 훨씬 정리가 잘 되어 있다는 느낌이 든다. 그래서 실제로도 프로그램에서 가장 많이 사용하는 반복문 형태가 for 이다.

하지만 프로그램을 능숙하게 하기 위해서는 거의 기계적으로 while 문과 for 문을 바로 바꿔 쓸 수 있도록 연습하는 것이 좋다. 즉, while 반복문으로 작성된 코드를 for로, for 반복문으로 작성된 코드를 while로 아무런 부담 없이 서로 변환할 수 있을 때까지 연습을 해 두면 반복문의 특성과 동작을 더 깊게 이해하게 되고, 그것이 반복문을 사용하는 프로그램을 작성할 때 큰 도움이 된다.

이제 몇 가지 예제를 보면서 for 반복문을 정확하게 이해하고 있는지 확인해 보기 바란다. 왼쪽의 동작을 보고 for 반복문 코드를 빠르게 작성할 수 있고, 오른쪽의 코드를 보면서 어떤 동작을 하는 것인지 유추할 수 있어야 한다.

동작	코드
1~10인 정수 출력	`for (var i = 1; i <= 10; i++)` `    document.write(i);`
5~10인 정수 출력	`for (var i = 5; i <= 10; i++)` `    document.write(i);`
10~100인 정수 출력	`for (var i = 10; i <= 100; i++)` `    document.write(i);`
1~10인 홀수 출력	`for (var i = 1; i <= 10; i += 2)` `    document.write(i);`
1~10인 짝수 출력	`for (var i = 2; i <= 10; i += 2)` `    document.write(i);`
3~20인 3의 배수 출력	`for (var i = 3; i <= 20; i += 3)` `    document.write(i);`

for를 사용한 예제를 더 만들어보도록 하자. 우리는 4장의 연습문제에서 정수 값을 하나 입력받아 구구단을 출력하는 프로그램을 작성해 본 적이 있다. 그 때에는 반복문을 배우기 전이므로 9개의 document.write를 사용하여 프로그램을 작성하였다. 아마도 다음과 같은 프로그램이었을 것이다.

```
<!DOCTYPE html>
<html>
<body>
  <script type="text/javascript">
    var dan = Number(prompt('출력할 단: ', ''));

    document.write(dan, '단 구구단<br>');
    document.write(dan, ' * ', 1, ' = ', dan * 1, '<br>');
    document.write(dan, ' * ', 2, ' = ', dan * 2, '<br>');
    document.write(dan, ' * ', 3, ' = ', dan * 3, '<br>');
    document.write(dan, ' * ', 4, ' = ', dan * 4, '<br>');
    document.write(dan, ' * ', 5, ' = ', dan * 5, '<br>');
    document.write(dan, ' * ', 6, ' = ', dan * 6, '<br>');
    document.write(dan, ' * ', 7, ' = ', dan * 7, '<br>');
    document.write(dan, ' * ', 8, ' = ', dan * 8, '<br>');
```

```
        document.write(dan, ' * ', 9, ' = ', dan * 9, '<br>');
    </script>
</body>
</html>
```

프로그램을 살펴보면 비슷한 9개의 document.write들이 있으며, 서로 다른 점은 각 행에 두 번씩 나오는 숫자가 1부터 9까지 바뀌는 것뿐임을 알 수 있다. 따라서 이 프로그램은 for를 사용하면 다음과 같이 간단해진다.

예제 6-4 구구단 한 단을 출력하는 프로그램 (6-4.html)

```
 1: <!DOCTYPE html>
 2: <html>
 3: <body>
 4:    <script type="text/javascript">
 5:        var dan = Number(prompt('출력할 단: ', ''));
 6:
 7:        document.write(dan, '단 구구단<br>');
 8:        for (var i = 1; i <= 9; i++)
 9:            document.write(dan, ' * ', i, ' = ', dan * i, '<br>');
10:    </script>
11: </body>
12: </html>
```

실행결과

➥ 3단을 출력하라고 값을 입력했을 경우

```
3단 구구단
3 * 1 = 3
3 * 2 = 6
3 * 3 = 9
3 * 4 = 12
3 * 5 = 15
3 * 6 = 18
3 * 7 = 21
```

```
3 * 8 = 24
3 * 9 = 27
```

9번 행의 document.write를 보면, 숫자가 적혀 있던 자리에 대신 i가 들어가 있음을 알수 있다. 그리고 i 값을 1부터 9까지 변화시켜 주기 위해 8번 행에서 for 문을 사용하였다.

자, 이제 마지막으로 방금 작성한 구구단 한 단을 출력하는 프로그램을 이용하여 2단부터 9단까지 전체 구구단을 출력하는 프로그램을 만들어 보도록 하자. 이를 위하여 먼저 위의 예제의 7~9번 행을 살펴보아야 한다.

```
7:      document.write(dan, '단 구구단〈br〉');
8:      for (var i = 1; i 〈= 9; i++)
9:          document.write(dan, ' * ', i, ' = ', dan * i, '〈br〉');
```

이 세 줄의 코드는 dan에 해당하는 구구단 한 단을 출력하는 프로그램이다. 따라서 dan이 2이면 2단을, 3이면 3단을 출력하는 식으로 동작할 것이다. 그렇다면 dan 값을 2에서 9까지 변화시켜 가면서 위의 코드를 반복한다면 전체 구구단을 출력할 수 있을 것이다. 즉, 완성된 구구단 프로그램의 의사 코드(Pseudo Code)를 적어보면 다음과 같을 것이다.

```
for (var dan = 2; dan 〈= 9; dan++)
    구구단 한 단을 출력;      // 7~9번 행이 하는 동작
```

따라서 위의 의사 코드에 7~9번 행에 적힌 내용을 그대로 박아 넣으면 프로그램이 완성될 것이다. 다음과 같다.

예제 6-5 전체 구구단을 출력하는 프로그램 (6-5.html)

```
1: 〈!DOCTYPE html〉
2: 〈html〉
3: 〈body〉
4:    〈script type="text/javascript"〉
```

```
 5:      for (var dan = 2; dan <= 9; dan++) {
 6:          document.write(dan + '단 구구단<br>');
 7:          for (var i = 1; i <= 9; i++)
 8:              document.write(dan, ' * ', i, ' = ', dan * i, '<br>');
 9:      }
10:   </script>
11: </body>
12: </html>
```

2단 구구단

2 * 1 = 2

2 * 2 = 4

2 * 3 = 6

...

9단 구구단

9 * 1 = 9

9 * 2 = 18

9 * 3 = 27

9 * 4 = 36

9 * 5 = 45

9 * 6 = 54

9 * 7 = 63

9 * 8 = 72

9 * 9 = 81

최종적으로 완성된 구구단 프로그램을 보면 for 반복문 안의 반복부에 다시 for가 나오는 것을 볼 수 있다. 이런 것을 이중 for 문이라고 부른다. for 뿐 아니라 while, do~while도 반복문 안에는 얼마든지 반복문이 계속해서 나올 수 있는데, 이런 형태의 반복문을 일반적으로 중첩 반복문(nested loop)이라고 부른다.

6.3 do~while 반복문

do~while 은 사실, 세 가지 반복문의 형태 중에서 가장 사용 빈도가 낮은 반복문이다. do~while 반복문은 기본적으로 while의 변형이라고 볼 수 있기 때문에 기본적인 동작은 while과 비슷하다. 즉, while 뒤의 조건식이 참이면 반복을 계속하고, 거짓이면 반복을 중단한다. 하지만 이렇게 동일하게 동작을 해도 do~while은 while이 뒤쪽에 있다는 구조적인 차이 때문에 반복부가 반드시 한번은 실행된다는 차이점을 가진다. 반복문의 형식과 예제를 비교해 보면 쉽게 이해할 수 있을 것이다.

구분	while	do - while
형식	while (조건식) 　　문장;	do { 　　문장; } while (조건식);

예제	var i = 0;
	while (i == 1) {
	　　document.write('반복 중');
	}
		var i = 0;
		do {
		　　document.write('반복 중');
		} while (i == 1);

실행결과	아무것도 출력되지 않음	"반복 중"이라고 출력

위의 예제를 비교해 보자. 일단을 둘 다 i값이 0으로 시작하고 i 값을 바꿔주는 부분은 없다. 그런데 while 조건식에서 i == 1인 동안만 반복을 한다고 했으므로 조건식은 처음부터 거짓이 될 것이라는 것을 짐작할 수 있다.

먼저 while 반복문은 "i = 0;"을 한 뒤에 바로 조건식에서 i값이 1인지 판단한다. 거짓이므로 당연히 반복문에서 바로 탈출하며, 따라서 화면엔 아무것도 출력되지 않는다.

그러나 do~while 은 약간 달라진다. "i = 0;"을 넣고 나서 다음에 만나는 문장이 do 이다. 달리 뭘 어떻게 한다는 얘기가 따로 없다. 단지 반복되는 부분의 시작을 알릴뿐이다. 따라서 그냥 다음 줄로 진행을 하게 된다. 그리고 만나는 문장이 document.write이므로 화면에 "반복 중"이라고 출력하게 되는 것이다. 그 다음 줄에 가서야 while 조건식을 만나고 조건식이 거짓이라는 것을 알게 된다. 그러나 이미 화면에 출력은 한 상태이다. 그저 그 상태에서 반복을 중단할 수밖에 없는 것이다. 따라서 화면에 "반복 중"이라는 메시지가 한번은 출력된다.

즉, do~while 반복문은 처음 한번은 조건식에 관계없이 무조건 한번은 실행을 하고 싶은 경우에 사용된다. 사실 이런 경우가 아주 많지는 않기 때문에 사용빈도도 낮은 것이다. 하지만 파일 처리 등과 같은 상황에서 do~while 과 딱 맞는 상황이 가끔은 생기는데, 이럴 때 사용하면 프로그램이 좀 더 깨끗해진다.

6.4 break와 continue

break 문은 반복문 실행을 즉시 종료하고 반복문에서 탈출하는 명령이다. 즉, 반복 실행 되는 코드의 중간에서, 특정한 상황이 되면 for 나 while에 적은 조건식과 관계없이 바로 반복을 중단해야 하는 경우에 사용한다. 예제를 보면서 break의 의미를 알아보자.

예제 6-6 break를 사용하여 반복문 종료 (6-6.html)

```
 1: <!DOCTYPE html>
 2: <html>
 3: <body>
 4:   <script type="text/javascript">
 5:     for (var i = 1; i <= 10; i++) {
 6:       document.write(i, ' ');
 7:       if (i == 5)
 8:         break;
 9:     }
10:   </script>
11: </body>
12: </html>
```

실행결과

1 2 3 4 5

이 프로그램에서 if 와 break가 없었다면 이 프로그램은 화면에 1부터 10까지의 정수를 출력했을 것이다. 그러나 i의 값이 5였을 때 document.write에 의해 이 값을 찍고 나면 바로 if문을 만난다. 그리고 조건식이 참이므로 if에 달려있는 break를 실행한다. 즉, 반복문에서 빠져나가 버리는 것이다. 따라서 화면에는 1부터 5까지의 숫자만 출력된다.

continue 문은 어떤 면에서는 break와 비슷하고 어떤 면은 다르다. 즉, 반복문의 실행 흐름을 바꾼다는 점에서는 break와 같지만, break같이 그냥 반복문에서 빠져나가 버리는 것이 아니라, continue를 만나게 되면 조건식 부분으로 바로 이동하여 실행을 계속하게 된다. 역시 예제를 살펴보는 것이 이해가 빠를 것이다.

예제 6-7 continue의 사용 (6-7.html)

```
1: <!DOCTYPE html>
2: <html>
3: <body>
4:    <script type="text/javascript">
5:      for (var i = 1; i <= 10; i++) {
6:        if (i <= 5)
7:          continue;
8:        document.write(i, ' ');
9:      }
10:   </script>
11: </body>
12: </html>
```

실행결과

6 7 8 9 10

위의 프로그램 역시 if와 continue부분을 빼면 1부터 10까지의 숫자를 화면에 출력하는 프로그램이다. 그러나 i 값이 1부터 5사이일 때는 if 조건식이 참이므로 continue를 실행하게 된다. 그러면 뒤에 있는 document.write로 넘어가지 않고 바로 다시 조건식 있는 부분으로 가버리기 때문에 증감식에 의해 i 값만 증가 될 뿐, document.write는 실행되지 않는다. 즉, 1부터 5까지의 값은 화면에 출력되지 않지만 반복문은 계속 실행되는 것이다. 그리고 i값이 6부터는 if 조건식이 거짓이어서 continue가 실행되지 않으므로, echo를 만나서 i 값이 화면에 출력된다.

이제 break와 continue를 모두 사용한 예제를 하나 살펴보도록 하자.

예제 6-8 break와 continue의 사용 (6-8.html)

```
 1: ⟨!DOCTYPE html⟩
 2: ⟨html⟩
 3: ⟨body⟩
 4:    ⟨script type="text/javascript"⟩
 5:      for (var a = 1; a ⟨= 4; a++) {
 6:        if (a == 2)
 7:           continue;
 8:        if (a == 3)
 9:           break;
10:        document.write(a, ' ');
11:      }
12:    ⟨/script⟩
13: ⟨/body⟩
14: ⟨/html⟩
```

실행결과

1

이 프로그램은 break과 continue를 사용하지 않았다면 화면에 1234를 출력하는 프로그램이다. 그런데 1을 찍고 나서 a가 2일 때는 continue 때문에 document.write를 실행하지 않고 조건식이 있는 2번 행으로 실행 흐름이 이동한다. 또 a가 3일 때는 아예 break를 통해 반복문에서 빠져나와 버리므로, 화면에는 1만 출력되는 것이다.

break나 continue는 사용 빈도가 아주 높은 편은 아니지만, 이것이 없이는 프로그램을 작성하기 어려운 경우가 종종 있으므로 사용법을 정확하게 이해하고 있어야 한다.

6.5 switch~case

switch 문은 하나의 변수 값에 따라 서로 다른 내용을 실행해야 하는 경우에 사용된다. 사실 switch 문이 없다고 해서 프로그램을 작성할 수 없는 것은 아니며, if ~ else if 로 100% 똑같은 프로그램을 작성할 수 있다. 따라서 두 제어문을 비교해보면 사용법과 의미를 쉽게 알 수 있을 것이다.

구분	if - else if -else	switch

예제	if (a == 1)
	　　document.write('one');
	else if (a == 2)
	　　document.write('two');
	else if (a == 3)
	　　document.write('three');
	else
	　　document.write('other');
		switch (a) {
		　case 1 : document.write('one');
		　　　break;
		　case 2 : document.write('two');
		　　　break;
		　case 3 : document.write('three');
		　　　break;
		　default : document.write('other');
		}

눈치 빠른 사람들은 두 예제가 완벽하게 동일한 동작을 하는 코드라는 얘기만 듣고도, 사용법을 알 수 있었을 것이다. 다만 주의할 것은, 모든 if ~ else if 문을 switch로 바꿀 수 있는 것이 아니고 다음과 같은 조건이 만족될 때만 가능하다는 점이다.

- if ~ else if ~ else 의 모든 조건식이 "변수 == 상수"의 형태이고
- 모든 조건식에 있는 변수가 하나(같은 변수) 일 때

왼쪽 예제의 조건식을 보면 "a == 1", "a == 2", "a == 3"과 같이 모두 하나의 변수 값이 어떻게 달라지는 가에 따라 실행할 동작이 달라지는 경우라는 것을 알 수 있다. 이럴 때는 switch로 바꾸어 쓰는 것이 가능하며, 그렇게 바꾼 것이 오른쪽의 예제이다.

switch 다음에는 조건식에서 관심을 두던 변수가 들어간다. 그리고 각각의 조건식에 들어 갔던 상수 값이 case 뒤에 붙게 되고, 그 뒤에 콜론(:)을 써준 뒤, 원래 실행하고 싶었던 문장 들을 써주면 된다. 이 때 한 가지 주의할 것은, 각각의 case에 대한 코드가 끝나면 break를

써주어야 한다는 것이다. break를 써주지 않으면 말 그대로 달리는 자동차에 브레이크가 없는 셈이어서 계속해서 다음 문장까지 실행하게 된다. 예를 들어 다음과 같은 프로그램이 있다고 하자.

```javascript
var a = 2;
switch (a) {
    case 1 : document.write('one ');
    case 2 : document.write('two ');
    case 3 : document.write('three ');
    default : document.write('other ');
}
```

이 프로그램은 화면에 two three other을 출력한다. two만 출력하고 마는 것이 아니다. switch~case 구조 자체는 어느 문장부터 실행을 시작할 것인가만 정해주는 것이지, 그 뒤에 어느 문장에서 실행을 끝낼 것인지는 알려주지 않는다. 이 예에서는 a가 2이므로 case 2 뒤에 있는 document.write ('two '); 문장부터 실행을 시작해 주도록 할 뿐이지 그 뒤 책임은 지지 않는다. 그래서 멈추지 않고 그 다음 문장, 그 다음 다음 문장도 실행해 버리는 것이다. 이것을 막기 위해서는 각각의 case 가 끝나면 break를 적어서 switch~case 구조에서 탈출하도록 해주어야 한다. 즉, break 는 반복문에서 탈출할 뿐 아니라 switch 구조에서 탈출할 때도 사용된다.

확인학습

01   카운터 변수를 쓰는 while 문의 형식을 적어보시오.

02   for 반복문의 형식을 적어보시오.

03   while 반복문과 do~while 의 차이점은 무엇인가?

04   break와 continue의 공통점과 차이점은 무엇인가?

05   if ~ else if로 작성된 코드를 switch로 바꿀 수 있는 조건은?

확인학습 정답

01

```
var i = 시작 값;
while (i <= 마지막 값) {
    실행할 문장;

    ...
    i += 증가분;
}
```

02

```
for (초기식; 조건식; 반복식) {
    문장;
}
```

03 while은 반복 부분이 한 번도 실행되지 않을 수도 있지만, do-while은 반복부가 반드시 한 번은 실행된다.

04 반복문의 흐름을 바꾸는 공통점이 있지만, break는 반복문에서 완전히 탈출할 때, continue는 반복을 계속할 때 사용한다는 차이점이 있다.

05 if ~ else if ~ else 의 모든 조건식이 "변수 == 상수"의 형태이고, 모든 조건식에 있는 변수가 하나(같은 변수) 일 때

연습문제

01 while 반복문을 이용하여 다음 프로그램들을 작성하시오.

ⓐ 1부터 20 사이의 짝수를 출력하는 프로그램

ⓑ 5부터 50까지 정수의 합을 계산하는 프로그램

02-1 다음 프로그램을 for 반복문을 이용하여 작성하시오.

ⓐ 3, 6, 9, 12, ... 와 같이 3부터 20 사이의 3의 배수를 출력하는 프로그램

ⓑ 10 부터 100까지 정수의 합을 계산하는 프로그램

ⓒ 1 + 3 + 5 + ... + 19 와 같이 1부터 20까지 홀수의 합을 계산하는 프로그램

02-2 이중 for문을 사용하여 다음과 같은 출력을 만드는 프로그램을 작성하시오. 단, 이 프로그램은 항상 높이가 5줄인 삼각형을 출력하는 것이 아니라 정수 값을 하나 입력받아, 그 값과 같은 높이를 가지는 삼각형을 출력해야 한다. 즉, 5가 입력되면 높이 5인 삼각형을, 10이 입력되면 높이 10인 삼각형을 출력한다.

```
*
**
***
****
*****
```

03 위의 연습문제 1번의 ⓐ, ⓑ 번을 do~while 반복문으로 고쳐보시오.

04 다음 프로그램은 1, 2, 3, 4, ... 와 같이 무한 루프를 돌면서 숫자를 출력하는 프로그램이다. 조건식 부분은 손대지 말고, 반복부에 break를 사용하여 이 프로그램이 1부터 10까지의 정수만 출력하도록 고쳐보시오.

```
var i = 1;
while (true) {
    document.write(i, ' ');
    i++;
}
```

05 5장 연습문제 5번에서 풀어보았던 사칙연산 프로그램을 switch문을 이용하여 고쳐보시오.

07 배열

    배열은 여러 개의 데이터를 묶어놓은 묶음이라고 할 수 있으며, 대부분 반복문과 함께 사용되어 대량의 자료처리를 용이하게 해 준다. 이 장에서는 배열의 개념과 활용 방법에 대해 공부한다. 이 장에서 다루는 내용은 다음과 같다.

◉ 배열의 개념

    배열의 개념과 기본적인 사용법을 공부한다.

◉ 배열의 활용

    배열을 이용하여 간단한 예제 프로그램을 작성하면서 배열의 개념을 확인하고 활용법을 익힌다.

◉ 다차원 배열

    2차원 이상의 배열에 대한 개념을 이해하고 이를 활용한 프로그램을 작성해 본다.

7.1 배열의 개념

    앞서 말했듯, 배열은 여러 개의 데이터를 하나의 이름으로 사용할 수 있도록 묶어놓은 묶음이라고 할 수 있다. 먼저, 배열이 필요한 예를 생각해보자. 만약 여러분이 작성하는 프로그램에서 한 학생의 점수를 처리하고 싶을 때는 다음과 같이 할 수 있을 것이다.

```
var a = 75;
document.write(a);
```

한 사람의 점수를 a라는 변수에 담기로 마음먹고, 이 변수에 그 사람의 점수인 75를 대입한 뒤 이 점수를 화면에 출력하였다. 이제 두 사람의 점수를 처리하는 프로그램을 생각해보자. 아래와 같이 할 수 있을 것이다.

```
var a0 = 75;
var a1 = 80;

document.write(a0);
document.write(a1);
```

첫 번째 사람의 점수를 담는 a0라는 변수에 75점을 넣고, 두 번째 사람의 점수를 담는 a1이라는 변수에 80 점을 넣은 뒤 출력했다. 이제 한반의 학생이 40명이라고 생각하고 이 40명의 점수를 처리하는 프로그램을 생각해 보자. 아마 배열이 없다면 아래와 같이 해야 할 것이다.

```
var a0 = 75;
var a1 = 80;
...
var a39 = 67;

document.write(a0);
document.write(a1);
...
document.write(a39);
```

거의 같은 내용의 코드를 40번이나 반복해서 작성하여야 한다. 이렇게 프로그램을 짤 수는 없다는 것을 모두 공감하리라 생각한다. 게다가 그나마 40명이니 열심히 복사해서 붙여넣고 고쳐서 이렇게 작성할 가능성이라도 있지, 수백 명의 데이터를 다루어야 할 때는 더더욱 이런 방식으로 프로그램을 작성할 수 없다. 바로 이런 때에 배열이 필요하게 된다.

배열을 만드는 것은 변수와 크게 다르지 않다. 예를 들어, 우리가 a라는 변수를 만들면서 50이라는 값을 그 변수에 담고 싶으면 다음과 같이 했었다.

```
var a = 50;
```

만약 우리가 5명의 점수를 저장하는 배열을 s라는 이름으로 만들고 싶다면 다음과 같이 할 수 있다.

```
var s = new Array(5);
s[0] = 80;
s[1] = 90;
s[2] = 70;
s[3] = 65;
s[4] = 85;
```

여기에서 "new Array(5);"가 정확하게 어떤 의미인지는 아직 신경 쓸 필요가 없다. 나중에 객체를 설명할 때에 그 의미를 명확히 알게 될 것이다. 지금은 단지 "new Array(배열크기)"를 써주면 배열이 생겨난다는 것만 기억하면 되겠다.

이렇게 배열을 만들게 되면 다음 그림과 같은 연속된 변수 덩어리가 생긴다.

[그림 7-1] 배열의 구조

이 배열의 이름은 s이다. 주의할 점은, s는 배열을 구성하는 어느 한 칸에 대한 이름이 아니며, 5개의 데이터 묶음에 대한 이름이라는 것이다. 배열을 구성하는 각각의 칸은 하나의 변수와 똑같은 역할을 하는데, 이것을 배열의 아이템(Item, 원소)이라 한다. 또, "[ ]" 사이에 적힌 숫자는 묶음에 속한 각각의 칸에 대한 주소 역할을 하며, 흔히 인덱스(Index, 첨자)라 부른다.

사실, 배열을 만드는 위의 코드에서 첫 줄에 있는 var s = new Array(5);는 쓰지 않아도 배열이 아무 문제없이 만들어진다. 마치 프로그램 중간에 갑자기 "a = 3;"이 나오면 즉시 a 라는 변수가 만들어지는 것처럼 말이다. 예를 들어 다음과 같은 코드가 프로그램 중간에 갑자기 나왔다고 하자.

```
b[5] = 10;
```

이 코드는 b라는 이름을 가진 6칸짜리 배열을 만들고, 마지막 칸인 5번 칸에 10이라는 값을 넣는다. 5번 칸까지는 존재해야 하고, 배열의 인덱스는 0부터 시작하므로 6칸짜리 배열이 만들어지는 것이다. 이 때 b[0]~b[4]의 값을 출력해보면 "undefined"가 나온다. 칸들은 만들어졌지만 값이 정의되어 있지 않다는 의미이다.

하지만 역시 명확하게 배열을 정의하는 것이 좋은 프로그래밍 습관이다. 우리가 앞에서 변수 a를 만들 때 "a = 3;"을 쓰지 말고 "var a = 3;"을 써서 명시적으로 변수를 정의하는 것이 좋다고 했던 것처럼, 배열도 명시적으로 만들어 주는 것이 좋겠다.

다만, 여기에서 우리가 알 수 있는 중요한 점이 있다. 위에서처럼 난데없이 배열의 특정한 칸에 값을 넣는 문장이 잘 동작한다는 것은 자바스크립트의 배열 크기가 동적으로 변할 수 있다는 의미이다. 다음의 코드를 생각해보자.

```
var s = new Array(5);
s[10] = 70;
```

5칸짜리 배열을 만들었는데 10번 칸에 값을 넣고 있다. C나 Java 같은 일반 프로그래밍 언어라면 문제가 될 테지만, 자바스크립트는 "s[10] = 70"을 본 순간 배열 크기를 11로 늘려버린다.

한편, 자바스크립트에서는 배열을 만들면서 각각 칸들의 값을 초기화하는 더욱 간편한 방법을 제공하고 있다. 다음 두 방법 중 어느 방법을 사용해도 좋다. 즉, 다음 두 줄의 의미는 같다.

```
var s = new Array(80, 90, 70, 65, 85);
var s = [80, 90, 70, 65, 85];
```

new Array 구문은 괄호 안의 값이 2개 이상이면 그것들을 배열의 초기 값으로 간주한다. 이렇게 배열을 정의하게 되면, 우리가 원하는 대로 80은 s[0], 90은 s[1]과 같이 0번 칸부터 순서대로 배열 s의 각 칸에 값들이 대입된다.

두 번째 형태는 약식으로 배열을 만드는 문법인데, 모양이 단순하고 깔끔해서 첫 번째 줄의 형태보다 오히려 더 많이 사용된다. 따라서 처음부터 배열의 칸 각각에 부여할 초기 값이 있다면 [...] 형태를, 미리 배열만 만들어두고 싶은 경우에는 new Array를 사용하는 식으로 정리해 두는 것도 좋을 것이다.

둘 중 어떤 방식을 이용하든 이렇게 배열을 만들고 나면, 배열에 속한 한 아이템을 사용하는 방법은 일반 변수를 사용하는 것과 크게 다르지 않다. 즉, s[1] 이나 s[3]은 a와 같은 하나의 변수처럼 사용될 수 있다. 예를 들어 s[3]에 담긴 값을 화면에 출력하는 문장은 다음과 같다.

```
document.write(s[3]);
```

그럼 이제 의문이 하나 생길 것이다. 일반 변수를 만들어서 쓰는 것처럼 배열을 사용할 것이라면, 왜 괜히 "[ ]"를 타이핑하는데 힘만 더 들뿐인 배열을 쓰는가? 사실 배열을 만들어 쓰는 것이 큰 장점을 가지는 것은 다음과 같은 사용이 가능하기 때문이다.

```
var i = 3;
document.write(s[i]);
```

역시 바로 위의 코드와 마찬가지로 s[3]에 들어 있는 값을 화면에 출력하는 코드이다. 그런데, s[3]을 직접 쓰지 않고 일단 i 에 3을 넣은 뒤 s[i]와 같은 형태로 사용했다. 배열의

"[ ]" 안에 써넣는 첨자는 상수 뿐 아니라, 변수 또는 수식도 사용할 수 있으며, 바로 이것이 배열의 편리한 점이다. 위의 코드에서는 한 줄로 써도 되는 것을 두 줄로 써서 오히려 불편해 보이는데, 무엇이 편하냐고? 이제부터 그 이유를 살펴보자.

7.2 배열의 활용

편의상 한반에 5명의 학생이 있다고 하고, 이 학생들의 성적처리를 하는 프로그램을 생각해 보자. 먼저 배열을 쓰지 않고 만들어 보도록 하겠다.

예제 7-1 배열을 이용하지 않은 성적처리 (7-1.html)

```
1: <!DOCTYPE html>
2: <html>
3: <body>
4:    <script type="text/javascript">
5:       var s0 = 80;
6:       var s1 = 90;
7:       var s2 = 70;
8:       var s3 = 65;
9:       var s4 = 85;
10:
11:      document.write('각 학생들의 점수 : ',
12:           s0, ' ', s1, ' ', s2, ' ', s3, ' ', s4, '<br>');
13:
14:      var sum = s0 + s1 + s2 + s3 + s4;
15:      var avg = sum / 5;
16:
17:      document.write('총점 : ', sum, '<br>');
18:      document.write('평균 : ', avg, '<br>');
19:    </script>
20: </body>
21: </html>
```

각 학생들의 점수 : 80 90 70 65 85
총점 : 390
평균 : 78

s0 부터 s4 까지 5개의 변수는 각 학생의 점수를 위한 것이다. 이 프로그램은 먼저 이 변수들에 각각 학생들의 점수를 설정하고, sum이라는 변수에 그 점수들의 합계를, avg라는 변수에 평균 점수를 계산해 넣은 뒤, 이 값들을 화면에 출력한다.

이 프로그램을 한번 생각해보자. 5명의 데이터를 처리하기 위해서 5개의 변수 값을 일일이 설정하고, 합계를 구할 때도 그 변수들을 모두 일일이 적어서 덧셈을 해야 했다. 출력할 때도 마찬가지였다. 그나마 학생들 수가 5명이니 이 정도였지, 만약 이 프로그램을 고쳐서 40명의 점수를 처리하는 프로그램으로 바꾼다면 어떻게 해야 할까? 생각만 해도 끔찍하지 않은가?

자, 그럼 이제 배열을 사용해서 이 프로그램을 바꾸고, 얼마나 편하고 좋아지는지 확인해보자. 5~9행에서 학생의 점수를 대입하는 부분을 배열을 사용하도록 바꾸면 다음과 같이 할 수 있다.

```
var s = [80, 90, 70, 65, 85];
```

다음으로, 11행에서 각각의 점수를 화면에 출력하는 부분을 보자. 이 부분 역시 다음과 같이 단순하게 바꿀 수는 있다.

```
document.write('각 학생들의 점수 : ',
     s[0], ' ', s[1], ' ', s[2], ' ', s[3], ' ', s[4], '<br>');
```

그러나 앞서 얘기했듯 큰 문제가 있다. 지금 우리가 하고 있는 예제는 단지 5명의 점수만을 처리하지만, 제대로 된 성적처리 프로그램이라면 수십 명 또는 수백 명 이상의 점수를 처리할 수 있어야 하는데, 이런 식으로 프로그램을 작성한다면 모든 배열의 항목을 출력하도록 일일이 손으로 써주어야 한다. 예를 들어 40명의 점수를 출력한다면 다음과 같을 것이다.

```
document.write('각 학생들의 점수 : ',
    s[0], ' ', s[1], ' ', s[2], ' ', ..., s[38], ' ', s[39], '<br>');
```

이것은 해결하는 방법은 배열과 for를 같이 활용하는 것이다. 다음과 같이 바꿀 수 있다.

```
document.write('각 학생들의 점수 : ');
for (var i = 0; i < 5; i++)
    document.write(s[i], ' ');
document.write('<br>');
```

물론 처음 제시한 예제보다 코드의 줄 수는 더 많다. 그러나 이렇게 프로그램을 짜두면 학생 수가 아무리 늘어도 for의 조건식에 있는 "5"만 해당하는 학생 수로 고쳐줌으로써 문제를 모두 해결할 수 있다. 학생수가 40명으로 늘면 4를 40으로, 80명으로 늘면 80으로 바꾸어 주면 그 뿐이다. 학생 수가 아무리 늘어도 프로그램에 큰 변화 없이 대응이 가능한 것이다.

이것은 배열의 인덱스에 상수가 아니라 변수도 사용할 수 있기 때문에 생기는 효과이며, 바로 이것이 배열을 이용하는 주된 이유이다. 사실 반복문과 함께 사용할 것이 아니라면 배열을 만들어서 쓰든, 일반 변수를 여러 개 만들어서 쓰든 별로 차이가 없다.

사실 여기서 한 가지 더 고쳐줄 것이 있다. 이 프로그램은 성적을 처리할 학생 수가 바뀌면 for 반복문의 조건식의 숫자를 직접 고쳐줘야 한다고 했었는데, 사실 그럴 필요가 없도록 프로그램을 짤 수 있다. 자바스크립트의 배열에는 length라는 속성이 있는데 여기에는 배열의 크기, 즉 배열이 몇 칸으로 되어 있는지가 들어있다. 하지만 아직 객체의 개념을 설명하지 않았으므로 속성이라는 표현도 이해하기 힘들 것이다. 일단 배열의 크기는 "배열명.length"로 구한다고 외워두자. 이렇게 사용하는 방법만 기억해 두어도 지금은 아무 문제가 없다. 이제 이것을 사용해서 코드를 완성하면 다음과 같이 된다.

```
document.write('각 학생들의 점수 : ');
for (var i = 0; i < s.length; i++)
    document.write(s[i], ' ');
document.write('<br>');
```

이제는 처리할 사람 수가 아무리 많아도 이 부분의 코드는 손을 댈 필요가 없다.

다음으로, 14행에서 총점을 계산하는 부분을 보자. 이 부분 역시 일반 변수를 단순히 배열로만 고치면 다음과 같이 된다.

```
var sum = s[0] + s[1] + s[2] + s[3] + s[4];
```

역시 학생 수가 바뀌면 프로그램을 고치기 힘들어지니 좋은 방법이 아니다. 줄 수가 좀 늘더라도 for문을 사용해서 다음과 같이 하는 것이 좋겠다.

```
var sum = 0;
for (var i = 0; i < s.length; i++)
    sum += s[i];
```

이 코드가 어떻게 동작하는지 생각해 보자. 먼저 sum 은 0 으로 만들어 둔다. 그리고 i의 값을 0부터 4까지 바꾸어 가면서 sum += s[i];을 실행하는 것이다. 즉, 이 반복문이 실제로 어떤 동작을 할지를 풀어서 쓰면 다음과 같다.

```
sum = 0;
sum += s[0];
sum += s[1];
sum += s[2];
sum += s[3];
sum += s[4];
```

아마도 이렇게 풀어쓴 프로그램을 보면 이해가 갈 것이다. 처음에 sum 은 0이었는데 여기에 s[0]값을 더해서 다시 sum에 넣는다. 즉, sum 에는 0 + s[0] 의 값이 들어있는 것이다. 이제 여기에 s[1]값을 더해서 sum 에 넣는다. 그러면 sum 에 들어있는 값은 0 + s[0] + s[1] 이 되는 것이다. 이런 식으로 마지막 줄까지 실행하고 나면, sum 에 들어있는 값은 0 + s[0] + s[1] + s[2] + s[3] + s[4]이 된다. 우리가 원하는 총점 값이다.

그 다음, 15행의 평균을 구하는 부분은 간단하다. sum에 담긴 총점을 사람 수, 즉 배열의 칸 수로 나누어 주면 계산된다.

```
var avg = sum / s.length;
```

마지막으로 총점과 평균을 찍는 부분은 달라질 것이 없다. 이렇게 배열을 사용하는 버전으로 변경된 성적처리 프로그램을 정리하면 다음과 같다.

```
var s = [80, 90, 70, 65, 85];

document.write('각 학생들의 점수 : ');
for (var i = 0; i < s.length; i++)
    document.write(s[i], ' ');
document.write('<br>');

var sum = 0;
for (var i = 0; i < s.length; i++)
    sum += s[i];

var avg = sum / s.length;

document.write('총점 : ', sum, '<br>');
document.write('평균 : ', avg, '<br>');
```

자, 이제 배열을 사용한 성적처리 프로그램이 만들어 졌다. 이 프로그램은 처리할 학생 수가 바뀌어도, 첫 줄의 배열 초기화 부분에 각 학생의 점수만 추가하면 다른 부분은 전혀 손을 대지 않아도 잘 동작한다.

마지막으로 한 가지 더, 필수적인 것은 아니지만 프로그램을 좀 더 정리할 방법을 생각해보자. 위 프로그램을 가만히 보면 밑줄 친 부분들에서 똑같은 for 반복문을 연달아 두 번이나 쓰고 있는 것을 알 수 있는데, 이런 경우라면 그 두 반복문을 하나로 합쳐 한 번의 반복에서 점수를 출력하면서 합계를 계산하도록 해도 큰 문제가 없다. 따라서 성적처리 프로그램은 최종적으로 다음과 같이 정리될 수 있다.

예제 7-2 배열을 이용한 성적처리 (7-2.html)

```
1: <!DOCTYPE html>
2: <html>
3: <body>
4:   <script type="text/javascript">
5:       var s = [80, 90, 70, 65, 85];
6:
7:       document.write('각 학생들의 점수 : ');
8:       var sum = 0;
9:
10:      for (var i = 0; i < s.length; i++) {
11:          document.write(s[i], ' ');
12:          sum += s[i];
13:      }
14:
15:      document.write('<br>');
16:      var avg = sum / s.length;
17:
18:      document.write('총점 : ', sum, '<br>');
19:      document.write('평균 : ', avg, '<br>');
20:   </script>
21: </body>
22: </html>
```

각 학생들의 점수 : 80 90 70 65 85

총점 : 390

평균 : 78

배열을 사용하는 간단한 예를 하나 몇 가지 더 보자. 크기 20인 정수 배열에 1, 3, 5, 7, 9 와 같이 홀수들을 대입하려면 어떻게 해야 할까? 초기 값으로 지정해주기에는 개수가 너무 많다. 다음 프로그램을 보자.

예제 7-3 배열에 규칙적인 값 대입 (7-3.html)

```
 1: ⟨!DOCTYPE html⟩
 2: ⟨html⟩
 3: ⟨body⟩
 4:    ⟨script type="text/javascript"⟩
 5:       var a = new Array(20);
 6:
 7:       for (var i = 0; i ⟨ a.length; i++)
 8:          a[i] = 2 * i + 1;
 9:
10:       for (var i = 0; i ⟨ a.length; i++)
11:          document.write(a[i], ' ');
12:    ⟨/script⟩
13: ⟨/body⟩
14: ⟨/html⟩
```

실행결과

1 3 5 7 9 11 13 15 17 19 21 23 25 27 29 31 33 35 37 39

7번 행의 반복문은 카운터 변수인 i를 0, 1, 2, 3, 4, ..., 19로 바꾸면서 8번 행의 문장을 실행한다. 그리고 배열의 각 칸에 "2 * i + 1" 값을 넣어 주면, 우리가 원하는 대로, 1, 3, 5, 7, 9, ..., 39가 순서대로 들어가게 된다.

다른 예로 배열에 임의의 값들이 들어있다고 할 때, 그 값들 중 최대값과 최소값을 출력하는 프로그램을 생각해 보자. 다음과 같이 작성할 수 있을 것이다.

예제 7-4 배열에서 최대값과 최소값 계산 (7-4.html)

```
 1: <!DOCTYPE html>
 2: <html>
 3: <body>
 4:    <script type="text/javascript">
 5:        var a = [10, 74, 25, 47, 66, 29, 5];
 6:
 7:        var maxv = a[0];
 8:        var minv = a[0]
 9:
10:        for (var i = 1; i < a.length; i++) {
11:          if (a[i] > maxv)
12:              maxv = a[i];
13:          if (a[i] < minv)
14:              minv = a[i];
15:        }
16:
17:        document.write('최대값 : ', maxv, '<br>');
18:        document.write('최소값 : ', minv, '<br>');
19:    </script>
20: </body>
21: </html>
```

실행결과

최대값 : 74
최소값 : 5

이 프로그램에서 최종적으로 최대값은 maxv에, 최소값은 minv에 담기게 되는데, 7~8번 행에서 일단 배열의 0번째 칸의 값을 이 두 변수에 넣는다. 처음에는 0번째 칸에 담긴 값이 최대값이자 최소값이라고 놓고 시작하는 것이다.

그 다음 10~15행에 있는 for 반복문에서는 배열의 1번째 칸부터 마지막 칸까지 훑어가면

서, i번째 칸에 있는 값이 혹시 최대값보다 크다면 이것이 새로운 최대값이라고 설정하고, i
번째 칸에 있는 값이 혹시 최소값보다 작다면 이것이 새로운 최소값이라고 설정하게 된다.
이 작업을 배열의 마지막 칸까지 했을 때 maxv와 minv에 남아 있는 값이 최대값과 최소값
이 되는 것이다.

이번에는 5명분의 학번과 전화번호를 기억하여두었다가 특정 학번을 입력하면 그 사람의
전화번호를 출력하는 간단한 전화번호부 프로그램을 작성해 보자. 실제로 사용할 수 있는
전화번호부라면 데이터베이스를 이용해야 할 테지만, 여기서는 학번과 전화번호들을 배열
에 넣어두기로 한다.

예제 7-5 간단한 전화번호부 (7-5.html)

```
 1: <!DOCTYPE html>
 2: <html>
 3: <body>
 4:   <script type="text/javascript">
 5:       var id = ['201201', '201202', '201203', '201204', '201205'];
 6:       var ph = ['111-2222', '234-5678', '346-3353', '223-4633', '242-4532'];
 7:
 8:       var sid = prompt('찾을 사람 학번: ', '');
 9:       document.write('찾는 사람 학번 : ', sid, '<br>');
10:
11:      var found = false;
12:      for (var i = 0; i < id.length; i++)
13:        if (sid == id[i]) {
14:            document.write('전화번호 : ', ph[i]);
15:            found = true;
16:            break;
17:         }
18:
19:      if (!found)
20:        document.write('찾는 사람이 없습니다.');
21:   </script>
22: </body>
23: </html>
```

찾는 사람 학번 : 201203
전화번호 : 346-3353

이 프로그램은 5번 행에서 5명분의 학번을 배열 id에 담고, 6번 행에서 이에 대응하는 각 학생의 전화번호를 배열 ph에 담는다. 그리고 데이터가 모두 준비되면 찾을 사람의 학번을 대화상자로부터 입력받아 sid에 넣는다.

이 프로그램의 핵심 부분은 12~17 행이다. 카운터 변수를 0부터 배열의 마지막 칸 번호까지 변화시켜 가면서 13행에 있는 조건식을 통해 입력받은 학번과 id[i]에 들어있는 학번이 같은지를 검사하는 것이다. 만약 같은 학번이 발견되었으면, ph 배열의 i 번째 칸에 있는 것이 그 학생의 전화번호이므로 이것을 출력한다.

여기서 한 가지 생각해 볼 점은 16번 행에서 굳이 break를 써 준 점이다. 이 프로그램은 5명분의 데이터만 가지고 있지만, 만약 만 명분의 데이터를 가지고 있고, 제일 첫 번째 칸에서 그 학번을 발견했다고 가정해보자. 나머지 9,999명의 데이터는 사실 비교할 필요가 없다. 따라서 검색에 성공했을 때는 break를 통해 반복문에서 빠져나오도록 하는 것이 올바른 프로그래밍 방법이다. break가 없다고 해서 이 반복문이 실행되는데 큰 문제는 없겠지만, 쓸데없이 반복문을 실행하면서 시간과 자원을 낭비하게 된다.

마지막 부분의 19~20번 행은 찾는 사람이 배열에 없을 경우, 찾는 사람이 없다는 메시지를 출력하기 위한 것이다. 이를 위한 준비로 반복문에 들어가기 전 11번 행에서 found라는 변수의 값을 false로 설정해 두었다. 아직 입력된 학번을 가진 사람을 찾지 못했다는 뜻이다. 하지만 반복문을 실행하다가 원하는 사람을 찾았을 경우 15번 행에서 변수 found의 값이 true로 바뀌게 된다. 만약 반복문을 다 실행했는데도 여전히 found의 값이 false라면 입력된 학번을 발견하지 못했다는 의미가 될 것이다. 따라서 19번 행의 if문에서 found 값이 false라면 "찾는 사람이 없습니다."라고 출력하는 것이다. 잠시 생각해보면 알겠지만 "if (!found)"와 "if (found == false)"는 의미가 똑같은 조건식이다.

7.3 다차원 배열

우리는 앞의 예제 7-2에서 5명의 성적을 처리하는 간단한 성적처리 프로그램을 작성하였다. 그런데, 5명 정원인 한 반만 있는 것이 아니라, 그런 학급이 3개가 있어서 3 학급 모두의 성적을 처리해야 한다면 어떻게 프로그램을 작성해야 할까? 아마도 그 동안 우리가 배운 것만 가지고 프로그램을 작성한다면 다음과 같이 할 수밖에 없을 것이다.

예제 7-6 3 학급을 위한 성적처리 프로그램 (7-6.html)

```
1: 〈!DOCTYPE html〉
2: 〈html〉
3: 〈body〉
4:    〈script type="text/javascript"〉
5:        var s0 = [80, 90, 70, 65, 85];
6:        var s1 = [60, 80, 86, 96, 46];
7:        var s2 = [67, 56, 78, 85, 60];
8:
9:        document.write('1반 학생들의 점수 : ');
10:       var sum = 0;
11:       for (var i = 0; i 〈 s0.length; i++) {
12:           document.write(s0[i], ' ');
13:           sum += s0[i];
14:       }
15:       document.write('〈br〉');
16:       var avg = sum / s0.length;
17:       document.write('총점 : ', sum, '〈br〉');
18:       document.write('평균 : ', avg, '〈br〉');
19:
20:       document.write('2반 학생들의 점수 : ');
21:       sum = 0;
22:       for (var i = 0; i 〈 s1.length; i++) {
23:           document.write(s1[i], ' ');
24:           sum += s1[i];
25:       }
26:       document.write('〈br〉');
27:       avg = sum / s1.length;
```

```
28:        document.write('총점 : ', sum, '<br>');
29:        document.write('평균 : ', avg, '<br>');
30:
31:        document.write('3반 학생들의 점수 : ');
32:        sum = 0;
33:        for (var i = 0; i < s2.length; i++) {
34:            document.write(s2[i], ' ');
35:            sum += s2[i];
36:        }
37:        document.write('<br>');
38:        avg = sum / s2.length;
39:        document.write('총점 : ', sum, '<br>');
40:        document.write('평균 : ', avg, '<br>');
41:    </script>
42: </body>
43: </html>
```

실행결과

```
1반 학생들의 점수 : 80 90 70 65 85
총점 : 390
평균 : 78
2반 학생들의 점수 : 60 80 86 96 46
총점 : 368
평균 : 73.6
3반 학생들의 점수 : 67 56 78 85 60
총점 : 346
평균 : 69.2
```

먼저, 5~7행을 보자. 한 학급의 점수는 하나의 배열로 처리 가능하지만, 그런 학급이 3개가 있기 때문에 3개의 배열을 정의하였다. 그런데 그렇게 배열을 만들어 놓고 나면, 우리가 배열이 아닌 일반 변수를 여러 개 정의하여 사용할 때와 똑같은 문제가 발생한다.

10~18행, 21~29행, 32~40행의 내용을 비교해 보자. 다른 내용은 모두 똑같은데 단지 배열의 이름만 s0, s1, s2로 바뀌게 되는 문제가 있는 것이다. 이런 상황을 해결할 방법은 없는 걸까?

당연히 방법이 있다. 자바스크립트에서는 다른 언어와 마찬가지로 2차원 배열을 사용할 수 있다. 2차원 배열을 간단히 설명하면 "배열의 배열"이라고 할 수 있다. 즉, 그동안 우리가 보아온 배열은 "값들의 배열"인데, 2차원 배열은 각각의 칸에 값이 아니라 배열이 들어간 형태라고 생각할 수 있는 것이다. 이 상황에 맞는 2차원 배열은 다음과 같이 정의할 수 있다.

```
var s = [
        [80, 90, 70, 65, 85],
        [60, 80, 86, 96, 46],
        [67, 56, 78, 85, 60]
    ];
```

이 배열은 다음과 같은 형태로 메모리에 저장된다.

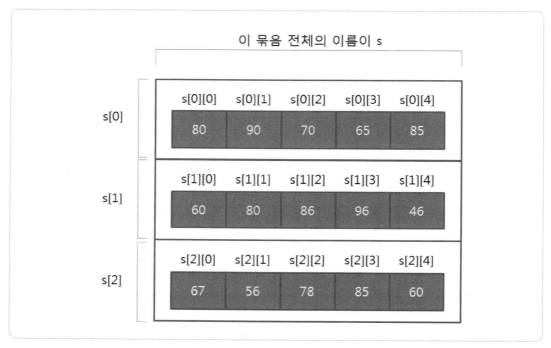

[그림 7-3] 2차원 배열의 구조

먼저, 큰 그림을 보자. 전체 덩어리의 이름은 s이다. 그리고 배열 s는 3개의 아이템을 가지고 있다. 그것은 각각 s[0], s[1], s[2]이다. 여기까지는 우리가 그동안 보아오던 배열(정확히는 1차원 배열)과 같다. 그런데 각각의 칸에 들어가 보면 그곳에 하나의 값이 들어있는 것이 아니라, 다시 배열이 들어있는 것이다. 그렇다면 배열 안에 들어있는 배열은 어떻게 접근하면 될까?

우리가 배열의 한 칸에 들어 있는 값에 접근하려고 할 때에는 다음과 같이 했었다.

```
배열명[인덱스]
```

자 그렇다면 우리가 0번째 줄의 2번째 칸에 있는 값(현재는 70이다)을 꺼내려고 한다고 가정해 보자. 이렇게 접근할 수 있을 것이다.

```
배열명[2]
```

2번째 칸인 것은 분명하기 때문에 인덱스를 적었지만, 0번째 줄에 있는 배열의 이름은 무엇으로 적어야 할까? 이미 답을 앞에서 얘기했었다. 0번째 줄 전체의 이름은 s[0]이다. 따라서 0번째 줄의 2번째 칸에 있는 값에 접근하려면 다음과 같이 적을 수 있다.

```
s[0][2]
```

같은 방법으로, 1번째 줄의 3번째 칸에 있는 값에 접근하려면 다음과 같이 적어주면 된다.

```
s[1][3]
```

이제는 왜 이런 배열을 2차원 배열이라고 부르는지 서서히 감이 올 것이다. 우리가 그동안 사용했었던 배열을 단지 값들이 한 줄로 죽 늘어서 있는 것이었다. 그러나 지금 공부하고 있는 경우는 바둑판 모양의 평면에 값들이 들어가 있는 구조이므로 2차원 배열이라고 부르는 것이다.

2차원 배열을 이용하여 예제 7-6을 고쳐보면 다음과 같다.

```
1: <!DOCTYPE html>
2: <html>
3: <body>
4:    <script type="text/javascript">
5:        var s = [
6:                [80, 90, 70, 65, 85],
7:                [60, 80, 86, 96, 46],
8:                [67, 56, 78, 85, 60]
9:            ];
10:
11:       for (var c = 0; c < s.length; c++) {
12:         document.write((c + 1) + '반 학생들의 점수 : ');
13:         var sum = 0;
14:         for (var i = 0; i < s[c].length; i++) {
15:            document.write(s[c][i], ' ');
16:            sum += s[c][i];
17:         }
18:         document.write('<br>');
19:         var avg = sum / s[c].length;
20:
21:         document.write('총점 : ', sum, '<br>');
22:         document.write('평균 : ', avg, '<br>');
23:      }
24:   </script>
25: </body>
26: </html>
```

1반 학생들의 점수 : 80 90 70 65 85
총점 : 390
평균 : 78
2반 학생들의 점수 : 60 80 86 96 46
총점 : 368
평균 : 73.6
3반 학생들의 점수 : 67 56 78 85 60
총점 : 346
평균 : 69.2

5~9행은 2차원 배열을 정의하는 부분이다. 11행은 반에 대한 카운터 변수를 c로 설정하고 이 값을 0, 1, 2로 바꾸어가면서 12~22행을 반복하여 실행하도록 한다.

12~22행은 한 반의 성적을 처리하는 부분이다. 12행에서는 현재 처리 중인 반이 몇 반인지를 출력한다. 이 때 배열의 인덱스는 0부터 시작하고, 학급 번호는 1부터 시작하므로 (c + 1)이 학급 번호가 된다.

나머지 부분은 이전에 작성했던 성적처리 프로그램과 특별히 다른 점이 없다. 현재 처리 중인 학급의 점수들이 담겨있는 배열의 이름은 s[c]가 되고, 그 중 한 학생의 점수는 s[c][i]로 접근한다는 점만 수정되었을 뿐이다.

2차원 배열은 이상과 같은 방법으로 사용할 수 있다. 그런데 만약 이것은 한 학년의 성적이고, 우리가 1, 2, 3 학년의 성적을 모두 이 프로그램을 처리하고 싶다면 어떻게 해야 할까?

이제 짐작할 수 있겠지만 그럴 경우에는 3차원 배열을 정의해서 사용하면 된다. 3차원 배열 역시 배열의 일종인데, 그 각각의 칸에 들어가 보면 2차원 배열이 들어있는 구조로 생각하면 된다. 2차원 이상의 배열은 통칭해서 다차원 배열이라고 부른다.

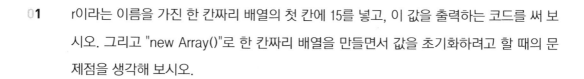

01 r이라는 이름을 가진 한 칸짜리 배열의 첫 칸에 15를 넣고, 이 값을 출력하는 코드를 써 보
    시오. 그리고 "new Array()"로 한 칸짜리 배열을 만들면서 값을 초기화하려고 할 때의 문
    제점을 생각해 보시오.

02-1 addr이라는 이름의 배열을 만드는 코드를 써 보시오. 이 배열은 크기가 4이고, 각 칸에는
      순서대로 "서울", "부산", "대전", "대구"와 같은 초기 값을 가지고 있어야 합니다.

02-2 "배열명.length"의 의미는 무엇입니까?

03 다음과 같은 값들이 들어있는 2차원 배열 a를 정의하여 보시오.

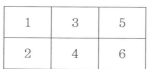

| 1 | 3 | 5 |
| 2 | 4 | 6 |

01   var r = [15];

      new Array(15)는 15칸짜리 배열을 만드는 코드이지, 한 칸짜리이고 그 칸에 15가 들어있

      는 배열을 만드는 코드가 아니다. 꼭 new Array()를 써서 똑같은 배열을 만들려면 다음과

      같은 두 줄의 코드가 필요하다.

```
var r = new Array(1);
r[0] = 15;
```

02-1

```
addr = ["서울", "부산", "대전", "대구"];
```

02-2   배열의 크기를 알려준다.

03

```
a = [
    [1, 3, 5],
    [2, 4, 6]
];
```

연습문제

01 크기 3인 배열 test가 있다고 하자. 이 배열을 그림 7-1과 같은 형태로 그려보시오.

02 예제 7-2의 성적처리 프로그램에 코드를 추가하여 최고점과 최저점도 출력하도록 해 보시오.

03 예제 7-5의 전화번호부 프로그램을 수정하여 2차원 배열에 학번과 전화번호가 모두 담기도록 만들어 보시오.

CHAPTER
08 함수

우리는 중학교나 고등학교 때 함수라는 것을 배웠다. 나중에 함수를 다 배우고 나면 알겠지만, 프로그래밍 언어에서의 함수도 수학시간에 배웠던 함수의 개념과 기본적으로는 비슷하다. 단지 프로그래밍 언어에 맞게 개념이 좀 변경되거나 확장된 것뿐이다.

프로그래머의 입장에서 함수는 "별도의 이름을 가지는 코드 블록"이라고 보는 것이 가장 명료하다. 일반적으로 프로그래밍 언어에서는 함수를 다음과 같이 두 부류로 나눈다.

● 사용자 정의 함수 (User Defined Function)

여기에서 "사용자"란 웹 프로그램의 최종 사용자가 아니라 프로그래머를 의미한다. 따라서 사용자 정의 함수는 프로그래머가 직접 정의해서 사용하는 함수를 의미한다.

● 내장 함수 (Built-in Function)

자바스크립트 엔진에 처음부터 만들어져 있는 함수를 의미한다. 따라서 내장 함수는 우리들이 직접 정의할 필요 없으며, 그냥 불러서 사용만 하면 된다. 우리는 이미 숫자로만 이루어진 문자열을 숫자로 바꾸기 위해 Number()라는 함수를 사용한 적이 있는데, 이것이 바로 자바스크립트의 내장 함수이다.

자바스크립트의 내장 함수들을 한 번에 몰아놓고 공부하면 그 의미도 잘 들어오지 않고 혼동이 올 수도 있을 것이다. 따라서 이 장에서는 사용자 정의 함수를 사용하는 방법에 대해서만 설명하고, 내장 함수들은 다른 내용들을 공부하다가 필요한 순간이 될 때 하나씩 얘기해 나갈 것이다. 이 장에서 다루는 내용은 다음과 같다.

● **가장 간단한 함수의 형태**

　함수의 개념을 이해하고 매개변수와 반환 값이 없는 가장 기본적인 형태의 함수를 정의하고 사용해 본다.

● **매개변수를 취하는 함수**

매개변수를 취하여 좀 더 융통성 있는 동작을 하는 함수를 작성해 본다.

● **반환 값이 있는 함수**

반환 값이 있는 함수의 형태를 살펴보고 자바스크립트 함수의 완전한 형태를 이해한다.

● **지역변수와 전역변수**

지역변수와 전역변수의 개념을 살펴보고 동작 방식을 정확하게 이해한다.

8.1 가장 간단한 함수의 형태

　먼저, 우리가 어떤 프로그램을 작성하고 있는데, 이 프로그램은 화면에 다음과 같은 출력을 여러 번 반복해서 해야 한다고 가정해 보자.

```
**********************
* 계산 결과 출력 *
**********************
```

　매번 이런 출력을 만들고 싶을 때마다 일일이 직접 출력한다면 아마 전체 프로그램은 다음과 같은 형태가 될 것이다.

예제 8-1　함수를 사용하지 않고 같은 내용 반복 출력 (8-1.html)

```
1: <!DOCTYPE html>
2: <html>
3: <body>
```

```
 4:    〈script type="text/javascript"〉
 5:        document.write('*******************〈br〉');
 6:        document.write('* 계산 결과 출력 *〈br〉');
 7:        document.write('*******************〈br〉');
 8:        document.write('첫 번째 계산 결과〈br〉〈br〉');
 9:
10:        document.write('*******************〈br〉');
11:        document.write('* 계산 결과 출력 *〈br〉');
12:        document.write('*******************〈br〉');
13:        document.write('두 번째 계산 결과〈br〉〈br〉');
14:
15:        document.write('*******************〈br〉');
16:        document.write('* 계산 결과 출력 *〈br〉');
17:        document.write('*******************〈br〉');
18:        document.write('세 번째 계산 결과〈br〉〈br〉');
19:    〈/script〉
20: 〈/body〉
21: 〈/html〉
```

실행결과

```
*********************
* 계산 결과 출력 *
*********************
첫 번째 계산 결과


*********************
* 계산 결과 출력 *
*********************
두 번째 계산 결과


*********************
* 계산 결과 출력 *
*********************
세 번째 계산 결과
```

어떤가? 같은 내용을 계속 복사해서 붙여 넣다 보니, 프로그램의 양도 많아지고, 보기도 좋지 않다. 이렇게 같은 내용을 반복해서 실행해야 할 경우에 함수를 사용하면 한결 깔끔하게 정리할 수 있다. 위의 프로그램을 함수를 이용하도록 바꾸어 보면 다음과 같이 된다.

예제 8-2 함수를 사용하여 같은 내용 반복 출력 (8-2.html)

```
1: <!DOCTYPE html>
2: <html>
3: <body>
4:   <script type="text/javascript">
5:     function title() {
6:       document.write('******************<br>');
7:       document.write('* 계산 결과 출력 *<br>');
8:       document.write('******************<br>');
9:     }
10:
11:     title();
12:     document.write('첫 번째 계산 결과<br><br>');
13:
14:     title();
15:     document.write('두 번째 계산 결과<br><br>');
16:
17:     title();
18:     document.write('세 번째 계산 결과<br><br>');
19:   </script>
20: </body>
21: </html>
```

실행결과

```
******************
* 계산 결과 출력 *
******************
첫 번째 계산 결과
```

```
**********************
* 계산 결과 출력 *
**********************
두 번째 계산 결과


**********************
* 계산 결과 출력 *
**********************
세 번째 계산 결과
```

프로그램의 줄 수도 적어졌을 뿐 아니라, 알아보기도 쉽다. 그러면 함수를 어떻게 사용하는 것이기에 프로그램이 이렇게 바뀌었는지 생각해 보자.

앞서 말했듯 함수는 "별도의 이름을 가지는 코드 블록"이라고 할 수 있다. 코드 블록이란 몇 줄의 코드를 대괄호({ })로 묶어 놓은 것을 의미한다. 위 예제의 5~9번 행에서 3줄의 document.write를 대괄호를 이용하여 하나의 덩어리로 묶어 놓은 것을 볼 수 있다. 이 부분을 함수의 바디(body)라고 한다. 자 그럼 코드 블록이 만들어 졌으니 이름을 붙여 줘야 한다. 이름은 function 과 () 사이에 붙여 주면 된다. 이 예제에서는 title이라는 이름을 붙여 줬다. 이렇게 하면 함수를 정의(definition)한 것이다. 함수를 정의하는 형태를 다시 정리하면 다음과 같다.

```
function 함수이름() {
    한 덩어리로 묶을 문장들;
    ...
}
```

여기에서 함수의 바디 앞에 있는, 함수 이름을 적어준 행을 함수의 헤더(header)라고 한다.

그런데, 이것은 방금 말했듯 함수를 단지 정의만 한 것이지, 함수 안에 적혀있는 문장들을 실행하겠다고 자바스크립트 엔진에게 얘기를 한 것이 아니다. 즉, "앞으로 title이라는 함수를 사용할 건데, 그걸 실행하겠다고 말하면 바로 아래에 { } 로 묶여있는 문장들을 실행해 줘"라고 자바스크립트 엔진에게 얘기한 것뿐이다. 그래서 함수 정의 부분만 하나의 자바스크립트 파일로 만들어서 실행해 보면, 실제로 아무 것도 실행되지 않는다. 자바스크립트 엔진은 그저 "앞으로 title 실행요청이 들어오면 이걸 실행해하지"라고 생각만 하다가 프로그램이 끝나게 된다.

실제로 title 함수를 실행해달라는 요청은 다음과 같이 한다.

```
title();
```

그래서 위의 예제에서도 이러한 문장이 3번 나온 것이다. 이렇게 특정한 함수를 실행해달라고 요청을 하는 것을 "함수를 호출 한다"고 한다.

다시 정리해보자. 함수를 사용하려면 먼저 정의를 해야 한다. 정의 자체로는 아무 것도 실행되지 않으며 자바스크립트 엔진이 그런 함수가 있다는 것을 알고만 있게 된다. 나중에 함수를 호출하게 되면 그때 함수의 바디를 실행하게 된다.

함수를 이용한 예를 하나 더 보도록 하자. 다음 프로그램은 1부터 10까지 더한 값을 계산하여 화면에 출력하는 함수 printSum을 정의하고 이것을 이용하는 프로그램이다. 사실 이 프로그램만으로는 함수를 사용하는 의미가 별로 없긴 하지만, 함수를 어떻게 사용하는지 확인하는 의미에서 살펴보기 바란다.

예제 8-3 1부터 10까지의 합을 구하는 함수 (8-3.html)

```
1: <!DOCTYPE html>
2: <html>
3: <body>
4:    <script type="text/javascript">
5:       function printSum() {
6:          var sum = 0;
7:          for (var i = 1; i <= 10; i++)
8:             sum += i;
9:
```

```
10:          document.write(sum, '〈br〉');
11:      }
12:
13:      document.write('1부터 10까지의 합 : ');
14:      printSum();
15:   〈/script〉
16: 〈/body〉
17: 〈/html〉
```

1부터 10까지의 합 : 55

8.2 매개변수를 취하는 함수

위에서는 가장 간단한 함수의 예를 보인 것이며, 사실 함수는 자신이 처리해야 할 일에 필요한 정보를 매개변수를 통해 받아와 이용할 수 있다. 위의 예제를 보면서 함수 이름 뒤에 왜 괜히 빈 괄호()가 있는지 의아해 한 사람도 있을 텐데, 사실 이것이 매개변수를 적어주기 위한 자리이다. 매개변수를 쉽게 이해하기 위해서 다음의 예제를 보자.

예제 8-4 하나의 매개변수를 취하는 함수 (8-4.html)

```
1: 〈!DOCTYPE html〉
2: 〈html〉
3: 〈body〉
4:   〈script type="text/javascript"〉
5:      function test(a) {
6:         document.write(a);
7:      }
8:
9:      test(5);
10:   〈/script〉
11: 〈/body〉
12: 〈/html〉
```

5

위의 프로그램은 화면에 5를 출력한다. 자세히 보면 test함수를 호출할 때, test()가 아니라 test(5)로 호출한 것을 볼 수 있을 것이다 이렇게 호출할 때 괄호 안에 적은 값은 함수의 바디가 실행되기 전에 해당 함수로 전달된다. 즉, 5라는 값이 test 함수에 전달되면서 이것이 헤더의 괄호 안에 적은 a라는 변수에 담기는 것이다. 눈에는 보이지 않지만 함수의 헤더 부분에서 "a = 5;"가 실행되고 나서 함수의 바디부분을 실행하는 것이라고 생각할 수 있다. 따라서 a의 값을 화면에 찍으면 5가 나타나게 된다.

그렇다면 test(10)을 실행하면 어떻게 될까. 역시 화면에는 10이 나타나게 될 것이다. 이렇게 함수를 호출하는 부분에서 함수에게 실행에 필요한 값을 넘겨줄 수 있는데 이렇게 함수 호출 시 넘겨주는 값을 "인자"라고 하고, 함수 쪽에서 그 값을 받아두는 변수를 "매개변수"라고 한다.

함수의 매개변수는 여러 개를 쓸 수도 있다. 다음 프로그램을 보자.

예제 8-5 세 개의 매개변수를 취하는 함수 (8-5.html)

```
1: <!DOCTYPE html>
2: <html>
3: <body>
4:   <script type="text/javascript">
5:     function test(a, b, c) {
6:         document.write(a + b + c);
7:     }
8:
9:     test(3, 4, 5);
10:  </script>
11: </body>
12: </html>
```

이 프로그램을 실행하면 test함수의 매개변수인 a, b, c에 3, 4, 5라는 세 개의 값이 전달된다. 그리고 함수의 바디에서는 이 값들을 모두 더한 값을 출력하므로 화면에는 12가 출력된다.

이 예제들에서 매개변수의 의미와 역할을 파악할 수는 있지만, 실제로 왜 굳이 매개변수를 만들어서 사용하는지 이해하기는 부족할 수 있다. 다른 예제를 생각해 보자. 함수를 쓰지 않고 화면에 조금씩 다른 길이의 줄을 출력하기 위해 다음과 같이 프로그램을 작성했다고 가정하자.

```
document.write('**********<br>');        // 별표 10개로 이루어진 줄
document.write('********************<br>');  // 별표 20개로 이루어진 줄
document.write('***************<br>');     // 별표 15개로 이루어진 줄
```

line이라는 이름의 함수를 정의해서 사용하되, 이렇게 매번 다른 길이의 줄을 출력하도록 할 수는 없을까? 다음과 같은 형태로 프로그램을 작성한다면 가능하다.

```
function line(n) {
    n 개만큼의 별을 출력;
    줄 넘김;
}
line(10);
line(20);
line(15);
```

이제 우리가 할 일은 한글로 적은 부분을 자바스크립트 코드로 바꾸는 것이다. 즉, n개의 별을 출력하는 함수를 작성해야 한다. 반복문을 잘 공부한 사람이라면 document.write('*')을 n번 반복하면 원하는 결과를 얻을 수 있다는 것을 생각했을 것이다. 다음과 같이 하면 된다.

```
 1: <!DOCTYPE html>
 2: <html>
 3: <body>
 4:    <script type="text/javascript">
 5:       function line(n) {
 6:          for (var i = 0; i < n; i++)
 7:             document.write('*');
 8:          document.write('<br>');
 9:       }
10:
11:       line(10);
12:       line(20);
13:       line(15);
14:    </script>
15: </body>
16: </html>
```

실행결과

```
**********
********************
***************
```

이렇게 정의된 line 함수가 있다면, 인자 값만 바꿔주면 이 3가지 뿐 아니라 얼마든지 원하는 길이의 선을 출력할 수 있게 된다. 이러한 융통성이 매개변수를 가지는 함수를 사용하는 이유이다.

이제 앞에서 다루었던 예제 8-3을 다시 생각해 보자. 예제에서 정의했던 printSum이라는 함수는 항상 1부터 10까지의 합만 출력하는 함수였다. 하지만 인자를 이용하는 함수로 만든다면 우리가 원하는 범위의 숫자들의 합계를 계산할 수 있을 것이다.

```
 1: <!DOCTYPE html>
 2: <html>
 3: <body>
 4:   <script type="text/javascript">
 5:     function printSum(start, end) {
 6:       var sum = 0;
 7:       for (var i = start; i <= end; i++)
 8:         sum += i;
 9:
10:       document.write(sum, '<br>');
11:     }
12:
13:     document.write('1부터 10까지의 합 : ');
14:     printSum(1, 10);
15:
16:     document.write('20부터 85까지의 합 : ');
17:     printSum(20, 85);
18:
19:     document.write('15부터 50까지의 합 : ');
20:     printSum(15, 50);
21:   </script>
22: </body>
23: </html>
```

실행결과

1부터 10까지의 합 : 55
20부터 85까지의 합 : 3465
15부터 50까지의 합 : 1170

함수의 헤더에 start, end라는 두 개의 매개변수가 추가되었고, 7번 행의 for 문에서 "1"
이 있던 자리에 start를, "10"이 있던 자리에 end를 써 준 것만으로 훨씬 융통성 있는 함수
가 된 것을 확인할 수 있다.

8.3 반환 값이 있는 함수

매개변수가 있고 반환 값이 있는 함수는 우리가 수학시간에 배웠던 함수와 같은 것이라고 생각하면 된다. 즉, 값들을 받아서 안에서 뭔가 계산을 한 후 그 답을 돌려주는 형태이다. 예를 들어 "3 * x + 5 * y"를 프로그램에서 자주 계산해야 한다고 생각해보자. 여기서 x와 y 값은 그 때 그 때 달라질 수 있고, 그 값들을 이 식에 넣어서 뭔가 값을 계산해 내야 하는 상황이다. 지금까지 배운 것만 가지고 해보면 다음과 같이 할 수 있다.

예제 8-8 계산 값을 직접 출력하는 함수 (8-8.html)

```
1: 〈!DOCTYPE html〉
2: 〈html〉
3: 〈body〉
4:    〈script type="text/javascript"〉
5:        function func(x, y) {
6:            document.write(3 * x + 5 * y, '〈br〉');
7:        }
8:
9:        func(5, 6);
10:       func(12, 7);
11:   〈/script〉
12: 〈/body〉
13: 〈/html〉
```

실행결과

```
45
71
```

자, 원하는 대로 된 것 같다. 그런데, 이 프로그램은 값을 계산하고 나면 그냥 화면에 출력한다. 만약 각각 두 번의 연산 결과를 그냥 화면에 출력하지 않는 것 뿐 아니라 func(5, 6)의 답인 45와 func(12, 7)의 답인 71을 더한 값도 출력하고 싶다면 어떻게 해야 할까? 이럴 때 반환 값이 있는 함수를 사용하게 된다. 프로그램은 다음과 같이 바뀐다.

```
 1: ⟨!DOCTYPE html⟩
 2: ⟨html⟩
 3: ⟨body⟩
 4:    ⟨script type="text/javascript"⟩
 5:       function func(x, y) {
 6:           return 3 * x + 5 * y;
 7:       }
 8:
 9:       var a = func(5, 6);
10:       var b = func(12, 7);
11:
12:       document.write('첫 번째 계산 결과 : ', a, '⟨br⟩');
13:       document.write('두 번째 계산 결과 : ', b, '⟨br⟩');
14:       document.write('두 결과 값의 합   : ', a + b, '⟨br⟩');
15:    ⟨/script⟩
16: ⟨/body⟩
17: ⟨/html⟩
```

실행결과

```
첫 번째 계산 결과 : 45
두 번째 계산 결과 : 71
두 결과 값의 합 : 116
```

프로그램의 실행을 따라가 보자. 먼저 9번 행에서 "a = " 부분을 잠시 잊고 그 문장을 보면, "func(5, 6);"을 실행하는 문장이 있다. 그래서 5, 6 값을 x 와 y에 넣고 func 함수를 실행하여 6번 행에서 그 계산 결과로 45를 얻는다. 그런데 45를 그대로 출력하는 것이 아니라 return 한다고 적혀 있다. 이럴 때 자바스크립트 엔진은 계산된 결과 값 45를 들고 원래 함수를 호출한 자리에 놓아준다. 즉 다음과 같은 동작이 실행되는 것이다.

```
var a = func(5, 6);
       ↓
var a = 45;
```

이렇게 되면 변수 a에 계산 결과를 저장할 수 있다. 다음 문장인 10번 행에서도 마찬가지 방법으로 변수 b에 계산 결과가 저장되므로, 14번 행에서 두 결과 값의 합을 출력할 수 있게 된다.

이제 앞에서 만들었던 지정된 범위의 정수 합을 구하는 함수를 다시 생각해보자. 이것도 반환 값을 가질 수 있는 형태로 만들 수 있다.

예제 8-10 지정된 범위의 정수 합을 반환하는 함수 (8-10.html)

```
1: <!DOCTYPE html>
2: <html>
3: <body>
4:    <script type="text/javascript">
5:       function getSum(start, end) {
6:          var sum = 0;
7:          for (var i = start; i <= end; i++)
8:             sum += i;
9:
10:          return sum;
11:       }
12:
13:       document.write('1부터 10까지의 합 : ', getSum(1, 10), '<br>');
14:       document.write('20부터 85까지의 합 : ', getSum(20, 85), '<br>');
15:       document.write('15부터 50까지의 합 : ', getSum(15, 50), '<br>');
16:    </script>
17: </body>
18: </html>
```

실행결과

```
1부터 10까지의 합 : 55
20부터 85까지의 합 : 3465
15부터 50까지의 합 : 1170
```

이제까지 배운 함수의 형태를 정리해 보면 다음과 같다.

```
function 함수이름(매개변수들) {
    함수에서 실행할 문장들;
    ...
    return 반환 값;                    // 반환 값이 없을 경우 생략
}

변수 = 함수이름(전달할 인자들);                   // 반환 값이 없을 경우 밑줄부분만 필요
```

주석에 적어놓은 것처럼 반환 값이 필요 없는 경우에는 반환 값 및 return을 생략할 수 있으며, 매개변수가 필요 없는 경우에는 매개변수와 인자를 생략할 수 있다.

8.4 지역변수와 전역변수

자바스크립트에는 지역변수와 전역변수라는 개념이 있다. 지역변수는 어떤 함수 안에서 var을 사용하여 정의된 변수로서 그 함수 안에서만 유효하다. 반면 전역변수는 전체 프로그램에 걸쳐 유효한 변수를 의미한다. [그림 8-1]을 보자.

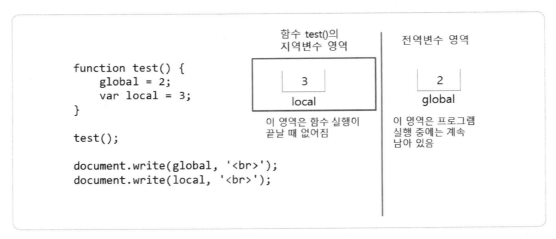

[그림 8-1] 지역변수와 전역변수

이 코드를 실제로 실행시키고 개발자 도구를 열어보면 맨 마지막 줄에서 에러가 발생하는 것을 확인할 수 있다. local은 함수 test() 안에서 var을 이용하여 정의되었다. 따라서 이 변

수는 지역변수이며 함수 test() 안에서만 살아 있다가, 함수 실행이 끝날 때 메모리에서 사라져 버린다. 따라서 함수 외부에서 이 값을 찍으려고 하면, 그런 변수가 없기 때문에 찍을 수 없다는 에러가 발생하는 것이다.

반면, 함수 안에서 정의되었다고 하더라도 var을 사용하지 않은 global은 전역변수로 취급된다. 전역변수는 프로그램이 끝나기 전까지는 계속 메모리에 살아남아 있는 변수로, 프로그램의 어느 곳에서나 유효하다. 따라서 global을 함수 test() 밖에서 출력해도 원래의 값을 유지하고 있는 것이다.

하지만 이렇게 특정 함수 안에서 전역 변수를 정의하는 것은 좋지 않은 프로그래밍 습관이다. 전역 변수는 말 그대로 프로그램 전체에서 사용되는 변수이므로, 프로그램의 선두 부분에 var을 써서 정의하는 것이 좋겠다. 그렇지 않으면 이 전역 변수가 어디에서 만들어졌는지 찾기 위해 전체 소스 코드를 훑어보아야 하기 때문이다.

이런 성질을 다시 확인하기 위해 예제를 하나 더 보도록 한다.

예제 8-11　지역변수와 전역변수 (8-11.html)

```
 1: <!DOCTYPE html>
 2: <html>
 3: <body>
 4:    <script type="text/javascript">
 5:       function test() {
 6:          var a = 3;
 7:          b = 2;
 8:          document.write('local a : ', a, '<br>');
 9:       }
10:
11:       var a = 4;
12:       test();
13:       document.write('global a : ', a, '<br>');
14:       document.write('b : ', b, '<br>');
15:    </script>
16: </body>
17: </html>
```

local a : 3
global a : 4
b : 2

먼저 11행부터 보도록 하자. 11행은 함수 외부이며, 여기에서 변수 a의 값이 4로 지정되었다. 그 뒤에 함수 test()를 실행하게 되는데, 여기에서 지역변수 a와 전역변수 b를 만든다. 이 때 주의해야 할 것은 지역변수의 이름이 전역변수의 이름과 같아도 상관없다는 점이다. 전역변수는 전역변수 영역에, 지역변수는 그 함수의 지역변수 영역에 별도로 만들어 지기 때문이다.

따라서 함수 안에서 "var a = 3"이 실행되면 지역변수 영역에 새로운 지역변수 a가 만들어진다. 그리고 함수 안에서 같은 이름의 지역변수와 전역변수가 있다면 지역변수가 우선이므로, 변수 a의 값을 출력해 보면 3이 나온다. 하지만 이 변수는 함수의 마지막 줄이 실행되고 나면 메모리에서 삭제된다. 그리고 다시 원래의 흐름으로 돌아와서 13번 행에서 a 값을 출력하라고 하면 당연히 전역변수 영역에 있는 a의 값을 출력하므로 4가 화면에 나타나는 것이다.

하지만 함수 안에서 정의되었다고 하더라도 var을 쓰지 않은 변수 b는 전역변수이므로 함수가 실행된 후에도 남아있게 되고, 이 값이 출력된다. 이를 그림으로 표시하면 다음과 같다.

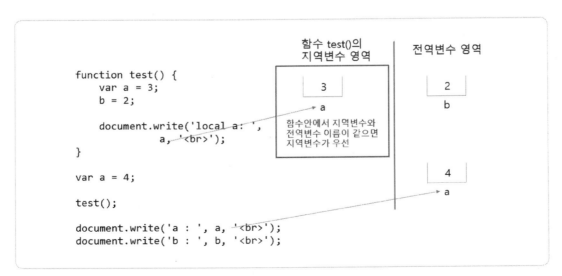

[그림 8-2] 지역변수와 전역변수 사용의 다른 예

그렇다면, 함수 안에서 새로 변수를 만들 때 지역변수로 만드는 것이 좋을까? 아니면 전역변수로 만드는 것이 좋을까? 당연히 지역변수로 만드는 것이 권장된다. 그 가장 큰 이유는 프로그램에 전역변수가 많아지면 프로그램에 버그가 발생할 소지가 많고 디버깅 작업이 어려워지기 때문이다.

전역변수는 프로그램 실행 중 계속 살아있는 변수이므로 프로그램 어디에서든 이 값을 변경할 수 있다. 예를 들어 어떤 사람의 시험 점수를 담고 있는 score라는 전역변수가 있었다고 하자. 그런데 프로그램을 돌려서 그 값을 찍어보니 −30이라는 있을 수 없는 값이 나왔다. 전역변수는 프로그램 어디서나 접근할 수 있는 변수이므로 전체 프로그램에서 score 값을 바꾸는 모든 부분을 찾아서 검토해 보아야만 할 것이다. 하지만 이 변수가 지역변수라면 그 함수 안의 코드만 살펴보면 될 것이다.

이러한 이유로 인해 자바스크립트 뿐 아니라 모든 프로그래밍 언어에서는 전역변수의 사용을 최소화하도록 권하고 있다. 그래야만 구조화된 좋은 프로그램을 작성할 수 있기 때문이다. 그리고 이것이 앞에서 변수를 선언할 때는 가급적 var을 이용하라고 이야기했던 이유 중 하나이다.

이제 변수 선언에 대한 좋은 프로그래밍 습관을 정리해 보자.

첫째, 변수를 만들 때는 무조건 var을 붙여 준다. 그것이 함수 안이라면 지역변수가 되기 때문이다. 또, 전역변수라 하더라도 이 변수가 그 지점에서 만들어진다는 사실을 명시적으로 알려주기 때문에 프로그램을 읽기가 훨씬 쉬워진다. 전역변수라고 해서 "a = 3;"와 같이 만든다면, 프로그램을 읽을 때 이 변수가 여기서 만들어지는 것인지, 아니면 위에서 이미 만든 변수에 값만 바꾸는 것인지 알기 위해서는 프로그램의 앞쪽을 뒤져보아야만 하기 때문이다.

둘째, 전역변수는 가급적 적게 사용하는 것이 좋다. 전역 변수에 관련한 버그가 발생하면 전체 프로그램을 뒤져보아야 하기 때문이다.

셋째, 전역변수를 써야 한다면 var을 이용한 선언문을 프로그램 선두에 한 군데로 몰아두는 것이 좋다. 이 프로그램에서 사용하는 전역변수가 무엇이 있는지 한 곳에서 찾아볼 수 있는 것이 프로그램을 읽기 쉽게 해주기 때문이다.

확인학습

01 호출하면 화면에 "*" 하나를 출력하는 함수 star()를 정의하여 보시오.

02 매개변수로 전달된 문자열을 그대로 화면에 출력하는 함수 speak()를 정의하여 보시오.

03 매개변수로 전달된 값을 그대로 반환하는 함수 just()를 정의하여 보시오.

04 지역변수를 만드는 방법을 적어 보시오.

01

```
function star() {
    document.write('*');
}
```

02

```
function speak(s) {
    document.write(s);
}
```

03

```
function just(s) {
    return s;
}
```

04 함수 안에서 var을 사용하여 변수를 정의한다.

01 화면에 1부터 30까지의 홀수를 화면에 출력하는 함수를 작성하고 이것을 이용하는 프로그램을 완성해 보시오.

02 6장의 연습문제 2-2는 화면에 별표로 만들어진 삼각형을 출력하는 문제였다. 그 프로그램을 이 장의 예제 8-6에 나온 line 함수를 이용하도록 고쳐보시오. 그렇게 하면 이중 for문을 사용할 필요가 없어진다.

03 두 값 중 큰 값을 반환하는 함수 max_value를 작성하고, 이것을 이용하여 두 값을 입력받고 그 중 큰 값을 알려주는 프로그램을 완성하여 보라.

04 예제 8-11에서 7번 행의 "b = 2"를 "var b = 2"로 고치면 어떻게 되는가?

09 객체

객체란 서로 관련 있는 변수와 함수들을 묶어놓은 묶음이라고 할 수 있다. 자바스크립트는 일반적인 형태의 객체지향언어는 아니지만 객체를 기반으로 움직이는 언어이므로 객체의 개념을 정확히 이해하는 것이 매우 중요하다. 이 장에서 다루는 내용은 다음과 같다.

● 객체의 생성과 사용
객체의 기본 개념을 이해하고, 이를 활용한 프로그램을 작성하는 법을 공부한다.

● 객체의 이해
객체에 관련된 리퍼런스, 생성자의 개념과 활용법을 공부하고 객체가 다른 객체의 속성 또는 함수의 매개변수로 사용되었을 때 어떻게 동작하는지를 살펴본다.

● for~in 문
for~in 문을 이용하여 객체를 이용하는 방법을 이해하고 이를 이용한 프로그램을 할 수 있다.

● 생성자의 정의와 활용
생성자를 이용하여 객체를 생성하는 방법을 공부한다.

9.1 객체의 생성과 사용

프로그래밍을 하는 입장에서 바라보면, 객체란 서로 관련 있는 변수와 함수들을 묶어놓은 묶음이라고 할 수 있다. 그리고 객체를 편리하게 만들고 사용할 수 있도록 다양한 기능과 문법을 제공하는 언어들이 있는데 이들을 객체지향 언어라고 부른다. 현재 가장 대표적인 객체지향 언어로는 Java, C++ 등이 있다.

그렇다면 자바스크립트는 어떨까? 자바스크립트도 객체의 개념을 가지고 있기 때문에 넓게 보면 객체지향 언어라고도 말할 수 있지만, 보통의 객체지향 언어와는 다른 방식으로 객체를 만들고 사용하게 되기 때문에 객체 기반 언어라는 이름으로 부르는 사람들도 있다.

자바스크립트에서 객체를 만들기 위해서는 다음과 같이 한다.

```
var 객체명 = {
   속성: 값,                              // 속성 정의
   ...                                  // 필요한 만큼 나올 수 있음
   메서드: function(메서드의 매개변수) {      // 메서드 정의
      // 이 메서드가 할 일
   }
   ...                                  // 필요한 만큼 나올 수 있음
};
```

갑자기 나온 "속성"과 "메서드"라는 단어 때문에 놀라지 말자. 객체 안에 들어있는 변수는 일반 변수와 구분하기 위해 속성이라고 부르고, 객체 안에 들어있는 함수는 일반 함수와 구분하기 위해 메서드라고 부른다.

예를 들어 도로에서 차가 움직이는 모습을 보여주는 프로그램이 있다고 하자. 그렇다면 차 한 대를 하나의 객체로 만들면 될 것이다. 이 때 하나의 차 객체는 화면상에서 x, y 좌표를 담을 변수(속성)가 필요하고, 그 좌표를 움직일 수 있는 함수(메서드)가 있어야 할 것이다. 그리고 x, y 좌표와 이 값을 변경하는 함수는 서로 관련이 있으므로 하나의 객체로 만들기에 적당하다. 이 객체는 다음과 같이 정의할 수 있다.

```
1: var car = {
2:    x: 0,
3:    y: 0,
4:    move: function(nx, ny) {
5:        this.x += nx;
6:        this.y += ny;
7:    }
8: }
```

이 코드는 속성 x, y, 그리고 메서드 move를 가지는 객체 car를 정의한 것이다. 2~3번 행은 이 객체의 속성 x와 y를 만들고 각각 초기 값을 0으로 설정한다.

다음으로 4번 행은 이 객체의 메서드 move의 정의가 시작되는 줄이다. 일반적인 함수 정의에서는 function 다음에 함수의 이름이 나오는데 메서드를 정의할 때는 move라고 메서드 이름이 앞으로 빠져나와 있는 것을 볼 수 있다. 이것은 속성을 정의하는 형태와 동일하다. 그 점만 제외하면 일반 함수 정의의 첫 줄과 다를 것이 없다.

이제 "this.x += nx;"라는 문장에 주목해 보자. 메서드 안에 적힌 코드에서는 객체의 속성 x를 표현할 때 "car.x"가 아니라 "this.x"를 사용해야 한다. this는 이 메서드를 담고 있는 객체를 의미하는 특별한 단어이다. 이 예에서 메서드 move는 car 객체에 속해 있으므로 this는 car객체를 가리키게 된다. 결국 같은 객체를 가리키는데 굳이 this를 써야하는 이유는 조금 뒤에 살펴보도록 하고, 여기서는 "메서드 안에서 객체의 속성을 표현할 때는 『this.속성』으로 한다."는 점만 기억해 두도록 하자.

이제 메서드 move가 하는 일을 알 수 있을 것이다. nx, ny를 매개변수로 받아 그 값을 각각 x, y 좌표에 더해주는 메서드이다.

이제 객체 car가 만들어졌으니 이 객체를 사용해 보도록 하자. 객체를 사용한다는 것은 객체의 속성 값을 바꾸거나 메서드를 호출한다는 뜻이다. 객체의 속성이나 메서드를 사용할 때에는 "객체명.속성" 또는 "객체명.메서드"와 같은 형태로 사용하면 된다. 예를 들어

```
car.x = 30;
```

이 문장은 객체 car의 속성 x의 값을 30으로 바꾼다.

```
car.move(10, 30);
```

이 문장은 객체 car의 move 메서드를 실행한다. 실행하면 car 객체의 x 속성 값은 10이 증가하고, y 속성 값은 30이 증가하게 될 것이다.

객체의 사용에 대해 한 가지 덧붙일 것은, 자바스크립트에서 객체의 속성을 사용할 때 "객체명.속성"과 같은 형태 외에도 "객체명['속성']"과 같은 형태도 가능하다는 점이다. 즉, car라는 이름의 객체가 있다고 했을 때, 아래 두 코드는 완전히 같은 코드이다.

```
car.x = 10;
car['x'] = 10;
```

즉 속성을 배열과 같은 형태로 사용할 수 있는 것이다. 물론 일반 배열과는 달리 괄호 안에 숫자가 아니라 문자열이 들어가게 된다.

이제 지금까지 나왔던 코드를 정리하고 car 객체의 속성과 메서드를 사용한 코드를 덧붙이면 다음과 같다.

예제 9-1 간단한 객체 사용 예 (9-1.html)

```
1: <!DOCTYPE html>
2: <html>
3: <body>
4:    <script>
5:       var car = {
6:          x: 0,
7:          y: 0,
8:          move: function(nx, ny) {
9:             this.x += nx;
10:            this.y += ny;
11:          }
12:       }
```

```
13:
14:        document.write(car.x, ', ', car.y, '<br>');
15:        car.move(10, 20);
16:        document.write(car.x, ', ', car.y, '<br>');
17:        car.move(20, 30);
18:        document.write(car.x, ', ', car.y, '<br>');
19:    </script>
20: </body>
21: </html>
```

실행결과

0, 0
10, 20
30, 50

9.2 객체의 이해

9.2.1 객체의 생성과정과 리퍼런스 변수

이제 우리는 다음 코드가 car 객체를 생성하는 코드라는 것을 이해했다.

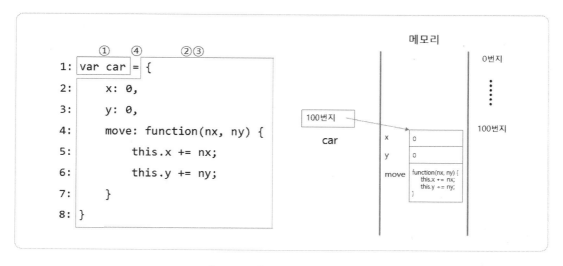

[그림 9-1] 객체의 생성 과정

하지만 우리가 객체를 정확하게 활용하기 위해서는 이 코드를 실행할 때 실제로 어떤 일이 일어나는지 알고 있어야 한다.

사실 이 문장은 4가지 동작을 수행한다. 그 동작을 순서대로 나열하면 다음과 같다.

① 1번 행의 "var car"가 실행된다. 이로 인해 car라는 이름의 변수가 생성된다. 이 시점까지 car는 어떤 값도 담을 수 있는 자바스크립트의 일반적인 변수일 뿐이다.

② 위 코드에서 1번 행 끝의 "{" 부터 8번 행의 "}" 까지 적힌 형태대로 새로운 객체 하나가 생성된다. 하지만, { … } 의 역할은 거기서 끝이 아니며, 다음 ③단계의 동작까지 수행한다.

③ { … } 는 객체를 만들고 나면 그 객체를 정의한 코드 대신에 그 자리에 방금 만들어진 객체의 주소를 놓아준다. 예를 들어, 객체가 메모리의 100번지에 만들어 졌다면 위의 코드가 내부적으로 다음과 같이 바뀐다고 생각해도 좋다.

```
var car = 100번지;
```

④ 1번 행의 "="이 실행된다. 100번지라는 값이 대입 연산자 "="에 의해 변수 car에 들어간다. 즉, 이 시점부터 변수 car는 새로 생긴 객체의 주소 값을 담고 있게 되는데, 이것을 프로그래머들은 "리퍼런스 변수 car가 새로 생긴 객체를 가리키고 있다."라고 말한다. 그리고 우리들 입장에서 쉽게 보면 "새로 생긴 객체의 이름이 car이다"라고 생각하는 것이다. 많은 다른 객체 지향 언어에서도 이렇게 객체가 위치한 주소 값을 담고 있는 변수를 리퍼런스 변수라고 부른다.

이 과정을 정확하게 이해했다면 앞에서 "메서드 안에서 객체의 속성을 표현할 때는 『객체명.속성』이 아니라 『this.속성』으로 한다."고 했는지도 이해할 수 있을 것이다. 다음의 코드를 생각해보자.

예제 9-2   메서드 정의에 this를 쓰지 않아서 문제가 생기는 경우 (9-2.html)

```
1: <!DOCTYPE html>
2: <html>
```

```
 3: 〈body〉
 4:   〈script〉
 5:     var car = {
 6:       x: 0,
 7:       y: 0,
 8:       move: function(nx, ny) {
 9:         car.x += nx;
10:         car.y += ny;
11:       }
12:     }
13:
14:     var car2 = car;
15:     car = null;
16:
17:     car2.move(10, 20);
18:     document.write(car2.x, ', ', car2.y, '〈br〉');
19:   〈/script〉
20: 〈/body〉
21: 〈/html〉
```

이 프로그램은 실행해도 아무런 결과를 볼 수 없을 것이다. 이 프로그램의 5, 6번 행에 보면 this를 사용하지 않고 일부러 객체 이름인 car를 사용하였기 때문이다. 이제 이것이 왜 문제가 되는지 살펴보자.

9번 행에서 car의 값을 car2에 대입하면 car에 담겨있던 객체의 주소 값이 car2에 똑같이 들어가므로 두 변수는 모두 같은 객체를 가리키게 된다. 그 직후 10번 행에서는 car에 null(가리키는 객체가 없다는 의미) 값을 넣었다. 이제 객체를 가리키는 변수는 car2 뿐이므로 객체의 이름이 car2로 아예 바뀌었다고 볼 수 있다.

그 뒤에 11번 행에서 move 메서드를 실행한다. 하지만 move 메서드 안에는 this를 사용하지 않고 "car.x += nx;"라는 식으로 코드를 적었기 때문에 이 코드는 실행될 수 없다. car 객체라는 것은 이젠 없는 상태이기 때문이다. 개발자 도구를 띄워 보면 "Cannot read property 'x' of null"이라는 에러 메시지를 볼 수 있을 것이다. 존재하지 않는 객체의 x 속성을 읽을 수가 없다는 뜻이다.

하지만 "this.x += nx;"로 적었다면 아무 문제가 없었을 것이다. 아무리 객체의 이름이 바뀌어도 this는 변함없이 메서드가 속한 객체를 가리키고 있기 때문이다.

9.2.2 객체를 포함하는 객체

객체는 다른 객체의 속성이 될 수 있다. 예를 들어 차를 싣고 가는 트럭을 표현하는 클래스를 만든다고 하면 다음과 같이 할 수 있다.

예제 9-3 객체가 다른 객체의 속성으로 사용되는 경우 (9-3.html)

```
1: 〈!DOCTYPE html〉
2: 〈html〉
3: 〈body〉
4:    〈script〉
5:        var truck = {
6:           num: "11가2222",
7:           car: {
8:              x: 0,
9:              y: 0,
10:              move: function(nx, ny) {
11:                 this.x += nx;
12:                 this.y += ny;
13:              }
14:           }
15:        }
16:
17:        truck.car.x = 10;
18:        truck.car.move(20, 30);
19:        document.write(truck.car.x, ', ', truck.car.y);
20:    〈/script〉
21: 〈/body〉
22: 〈/html〉
```

실행결과

30, 30

트럭 객체 truck은 차량 번호를 담고 있는 num과, 이 트럭에 실린 차를 표현하는 객체 car를 속성으로 가진다. 따라서 truck 객체 안에 있는 car 객체의 속성 x값을 변경하려면 다음과 같이 한다.

```
truck.car.x = 10;
```

마찬가지로 car의 move 메서드를 호출하려면 다음과 같이 할 수 있다.

```
truck.car.move(20, 30);
```

9.2.3 객체의 비교

객체를 사용할 때 주의할 점 하나는 두 객체가 같은 속성 값들을 가지고 있는지 확인하려고 할 때 직접 "==" 연산자를 사용하면 안 된다는 것이다.

예를 들어 다음과 같은 코드를 생각해 보자.

예제 9-4 객체의 비교 (9-4.html)

```
 1: <!DOCTYPE html>
 2: <html>
 3: <body>
 4:   <script>
 5:     var c1 = {
 6:       x: 1,
 7:       y: 1
 8:     };
 9:     var c2 = {
10:       x: 1,
11:       y: 1
12:     };
13:     var c3 = c1;
```

```
14:
15:        document.write(c1 == c2, '〈br〉');
16:        document.write(c1 == c3, '〈br〉');
17:    〈/script〉
18: 〈/body〉
19: 〈/html〉
```

false
true

앞에서 객체의 생성과정과 리퍼런스 변수의 개념을 정확하게 이해했다면 이 프로그램이 왜 이런 결과를 내는지 이해할 수 있을 것이다. 5~8번 행에서 만들어진 객체가 메모리의 100번지에 있고, 9~12번 행에서 만들어진 객체가 200번지에 있다고 가정해 보자. c1은 100, c2는 200이라는 값을 가지고 있을 것이다. 그리고 13번 행을 실행하면 c3에도 100이 들어간다. 즉, 이 시점부터 c1과 c3는 같은 객체를 가리키게 되는 것이다.

이제 15번 행에서 "c1 == c2"의 결과를 출력해본다. 이 식은 변수 c1과 c2의 값이 같은 지 비교하는데, 각 변수에 담긴 값은 자기가 가리키는 객체의 주소 값이다. 그리고 두 객체가 메모리의 같은 위치에 겹쳐져 있을 수는 없으므로 false가 된다. 그러나 16번 행에서 "c1 == c3"의 결과를 출력해보면 두 변수가 같은 객체의 주소 값을 가지고 있으므로 true를 출력하게 된다.

이제 결론을 내보자. 만약 이 예제에서 두 객체의 속성 값들이 같은지를 확인하고 싶으면 "c1.x == c2.x && c1.y == c2.y"를 사용하여야 한다. "c1 == c2"는 두 리퍼런스 변수가 동일한 하나의 객체를 가리키고 있는지를 확인하는 관계식이다.

9.3 for ~ in 문

배열의 모든 요소들을 쭉 돌아가면서 무언가 작업을 할 일이 많은 것처럼, 객체를 만들었을 때 모든 속성들을 쭉 훑어가면서 작업을 할 일이 종종 생기게 된다. 예를 들어 어떤 객체의 모든 속성 값을 모두 출력하려면 어떻게 해야 할까?

이런 때를 위해서 자바스크립트는 for 반복문을 변형한 형태인 for~in 문을 제공하고 있다. 사용 방법은 다음과 같다.

```
for (변수 in 객체) {
    실행할 문장들;
}
```

이 반복문은 객체의 속성 이름을 하나씩 하나씩 변수에 넣고 실행할 문장을 반복하는 형태로 실행된다. 다음 예제를 보자.

예제 9-5 for~in문의 사용 (9-5.html)

```
 1: <!DOCTYPE html>
 2: <html>
 3: <body>
 4:   <script type="text/javascript">
 5:     var p1 = {
 6:       name:'홍길동',
 7:       tel:'111-2222',
 8:       addr:'서울'
 9:     };
10:
11:     for (var prop in p1)
12:       document.write(prop, ': ', p1[prop], '<br>');
13:   </script>
14: </body>
15: </html>
```

실행결과

```
name:홍길동
tel:111-2222
addr:서울
```

11번의 for~in을 보자. 먼저 p1의 첫 번째 속성 이름인 'name'이라는 문자열이 변수 prop에 들어간 뒤 12번 행이 실행된다. 12번 행에서는 변수 prop에 담긴 'name'을 출력하고 p1[prop], 즉 p1['name']을 출력한다.

두 번째 반복에서는 prop에 두 번째 속성 이름인 'tel'이 들어가고, 세 번째에는 'addr'이 들어 간 뒤 반복부가 실행된다. 그리고 더 이상 속성이 없으면 반복은 종료된다.

9.4 생성자의 정의 및 활용

다시 처음으로 돌아가서, 도로에서 차가 움직이는 모습을 보여주는 프로그램을 계속 작성하고 있다고 하자. 차 한 대를 하나의 객체로 만들 수 있다는 것은 배웠는데 다루어야 할 차가 1대가 아니라 2대이고 각각의 차를 표현하는 객체의 이름이 car1, car2로 해야 한다면 다음과 같이 코드를 작성해야 할 것이다.

```javascript
var car1 = {
    x: 0,
    y: 0,
    move: function(nx, ny) {
        this.x += nx;
        this.y += ny;
    }
}
var car2 = {
    x: 0,
    y: 0,
    move: function(nx, ny) {
        this.x += nx;
        this.y += ny;
    }
}
```

새로 만들 객체의 모양을 표현하기 위해서 똑같은 코드를 두 번이나 사용했다. 그렇다면 이런 객체가 10개가 필요하다면 10번을 복사해서 써야 하는 것일까?

이런 상황을 위해서 자바스크립트를 "생성자"라는 특별한 함수를 정의해서 사용할 수 있도록 해주고 있다. 생성자를 정의하는 방법은 다음과 같다. 단, 생성자 이름의 첫 글자는 보통 대문자로 시작한다는 점은 명심하자. 소문자로 시작한다고 동작하지 않는 것은 아니지만 대부분의 자바스크립트 프로그래머들이 생성자를 일반 함수와 구분하기 위해서 지키는 약속이다.

```
function 함수명(매개변수들) {
    this.속성 = 값;
    ...
    this.메서드 = function(이 메서드의 매개변수들) {
        // 실행할 코드
    }
    ...
}
```

이제 이 형식대로 차 한 대를 표현하는 객체의 생성자를 만들면 다음과 같이 된다.

```
1: function Car() {
2:     this.x = 0;
3:     this.y = 0;
4:     this.move = function(nx, ny) {
5:         this.x += nx;
6:         this.y += ny;
7:     }
8: }
```

차를 표현하는 객체를 그대로 옮겨 놓은 것이므로 이해하는 데에 큰 문제가 없을 것이다. 이전의 객체 정의에서 속성과 메서드 이름 앞에 "this."을 붙이고, 속성 이름과 값 사이에 적었던 ":"를 "="로 바꾸면 그대로 생성자의 정의가 된다. 이제 이 생성자를 이용해서 객체를 생성해보자.

```
var car1 = new Car();
```

이 한 문장만으로 객체가 하나 만들어진다. 그리고 이렇게 생성자를 이용해서 객체를 만들었을 경우, 흔히 "car1은 Car형 객체" 또는 "car1은 Car 객체"라고 표현한다. 우리가 "a 는 숫자형 변수", "b는 문자열형 변수"라고 부르는 것처럼, car1이 Car라는 생성자에 정의된 형태대로 만들어진 객체라는 뜻이다.

자, 이제 이 한 줄의 코드를 실행할 때 실제로 어떤 일이 일어나는지 살펴보자. 사실 이 문장은 5가지 동작을 수행한다. 그 동작을 순서대로 나열하면 다음과 같다.

① "var car1"이 실행된다. 이로 인해 car1이라는 이름의 변수가 생성된다. 이 시점까지 car1은 어떤 값도 담을 수 있는 자바스크립트의 일반적인 변수일 뿐이다.

② "new"가 실행된다. 이로 인해 빈 객체가 메모리에 생성된다. 하지만 new가 하는 일이 모두 끝난 것은 아니다. new는 빈 객체를 생성한 뒤 아래 ③, ④번 단계를 실행한다.

③ 방금 만들어진 빈 객체에 대해 생성자 "Car()"가 실행된다. 즉, "this"가 방금 만들어진 빈 객체를 가리키도록 설정된 상태에서 생성자가 실행되는 것이다. 따라서 위의 생성자 코드에서 2번 행을 실행하면 속성 x가 만들어지고, 3번 행을 실행하면 속성 y가 만들어지며, 4~7번 행을 실행하면 메서드 move가 만들어진다.

④ 생성자가 모두 실행되고 나면 new 연산자는 이런 과정을 거쳐 완성된 객체의 주소를 반환한다. 예를 들어 방금 만들어진 객체가 메모리의 100번지에 위치해 있다면 100이라는 값이 "new Car()" 대신에 그 자리에 놓이는 것이다. 예를 들어, 객체가 메모리의 100번지에 만들어 졌다면 위의 코드가 내부적으로 다음과 같이 바뀐다고 생각해도 좋다.

```
var car1 = 100번지;
```

⑤ "="이 실행된다. 이 시점부터 변수 car1은 새로 생긴 객체를 가리키는 리퍼런스 변수가 된다. 그리고 우리들 입장에서 쉽게 보면 "새로 생긴 객체의 이름이 car1이다"라고 생각할 수 있다.

눈치 빠른 독자들은 이 5단계가 앞에서 { ... }를 사용하여 객체를 생성하는 4단계와 많은 부분이 비슷하다는 것을 알아챘을 것이다. { ... }가 적혀있는 대로 객체를 만들고 새로 생긴 객체의 주소를 그 자리에 놓아주는 대신에, new가 빈 객체를 만들고, 그 객체에 대해 생성자를 실행한 뒤, 새로 생긴 객체의 주소를 그 자리에 놓아준다는 점만 다를 뿐이다.

이제 마지막으로 한 가지만 더 생각해 보자. 지금까지는 새로 생긴 차량 객체의 x, y 좌표가 모두 0으로 설정되어 있었다. 하지만 처음 프로그램을 시작할 때부터 각 차량의 위치가 조금씩 달라야 한다면 어떻게 할까? 생성자도 결국은 함수이므로 매개변수를 이용하면 된다. 다음 예제를 보자.

예제 9-6 생성자의 사용 (9-6.html)

```
 1: <!DOCTYPE html>
 2: <html>
 3: <body>
 4:    <script type="text/javascript">
 5:        function Car(x, y) {
 6:            this.x = x;
 7:            this.y = y;
 8:            this.move = function(nx, ny) {
 9:                this.x += nx;
10:                this.y += ny;
11:            }
12:        }
13:
14:        var car1 = new Car(10, 20);
15:        var car2 = new Car(50, 100);
16:
17:        car1.move(10, 20);
18:        car2.move(10, 20);
19:
20:        document.write('car1: ', car1.x, ', ', car1.y, '<br>');
21:        document.write('car2: ', car2.x, ', ', car2.y, '<br>');
22:    </script>
23: </body>
24: </html>
```

실행결과

```
car1: 20, 40
car2: 60, 120
```

먼저 14, 15번 행을 보자. 좀 전에는 객체를 생성할 때 new Car()와 같이 했었는데, 이번에는 그 객체의 초기 x, y 값을 넣어서 new Car(10, 20)과 같은 식으로 적고 있다. 이 인자는 생성자 Car가 실행될 때 넘겨질 것이다.

이제 5번 행 부분을 보면, 좀 전에 만들었던 생성자와 달리 x와 y라는 이름의 매개변수가 추가되었다. x, y라는 이름으로 값을 넘겨받는 것이다. 그리고 6번과 7번 행에서는 이렇게 넘겨받은 값을 this.x, this.y의 초기 값으로 설정한다. 이런 방식으로 처음 객체를 생성할 때 속성들의 초기 값을 원하는 대로 설정할 수 있다.

01 객체를 생성하는 형식을 적어 보시오.

02 다음 코드가 어떤 동작을 하는지 4단계로 나누어 설명해 보시오.

```
1: var car = {
2:    x: 0,
3:    y: 0,
4:    move: function(nx, ny) {
5:        this.x += nx;
6:        this.y += ny;
7:    }
8: }
```


03 for~in 문의 형식을 적어 보시오.

04 다음과 같은 객체를 생성하는 Num이라는 이름의 생성자를 정의해 보시오.

- 객체는 value라는 이름의 속성 하나만을 가지며, 메서드는 없다.
- value의 초기 값은 생성자에게 주어진 값으로 설정한다.

01

```
var 객체명 = {
    속성: 값,                              // 속성 정의
    메서드: function(메서드의 매개변수) {      // 메서드 정의
        // 이 메서드가 할 일
    }
};
```

02 ① "var car"가 실행되어, car라는 이름의 변수가 생성된다.

② { ... } 부분이 실행되어 새로운 객체가 메모리에 생성된다.

③ 생성된 객체가 위치한 주소 값이 그 자리에 놓여진다.

④ "="이 실행되어, 리퍼런스 변수 car가 새로 생긴 객체를 가리키게 된다.

03

```
for (변수 in 객체) {
    실행할 문장들;
}
```

04

```
function Num(n) {
    this.value = n;
}
```

01 어떤 사람의 이름, 주민번호, 전화번호를 가지고 있는 객체를 person이라는 이름으로 만들어 보시오.

02 위의 person 객체에 이 사람이 가지고 있는 차량 정보가 포함되도록, 예제 9-1에 나왔던 car 객체를 person 객체의 속성으로 넣은 뒤 car 객체의 move 메서드를 사용해 보시오.

03 예제 9-1을 수정하여 car 객체의 모든 속성 이름과 그 값을 출력하는 프로그램을 작성하시오.

04 다음과 같은 객체를 생성하는 Person이라는 이름의 생성자를 정의하고, 객체를 하나 생성한 뒤, 그 객체의 메서드를 호출해 보시오.
- 객체는 사람의 이름, 주민번호, 전화번호, 이렇게 3개의 속성을 가진다.
- 객체는 이 사람의 이름, 주민번호, 전화번호를 출력하는 1개의 메서드를 가진다.
- 속성들의 초기 값은 생성자에게 주어진 값으로 설정한다.

10 자바스크립트 내장객체

자바스크립트에는 미리 생성자가 정의되어 있어서 프로그래머가 사용만 하면 되는 객체들이 있는데, 그것들을 내장 객체라고 한다. 내장객체는 다시 일반적인 자바스크립트 프로그래밍을 위한 자바스크립트 내장객체와 웹 브라우저 제어에 사용되는 브라우저 내장객체로 나눌 수 있으며, 이 장에서는 자바스크립트 내장객체에 대해 이야기 한다.

하지만 자바스크립트가 제공하는 모든 객체의 속성과 메서드를 모두 한 곳에 모아놓고 이야기 하는 것은 여러분의 프로그래밍 학습에 큰 도움이 되지 않을 것이다. 그 수많은 속성과 메서드 사용법들을 한 번에 다 외울 수도 없고, 설령 외운다 하더라도 오랫동안 기억하다가 필요한 순간에 사용하기는 더욱 어려울 것이기 때문이다. 공부를 해나가면서 필요한 순간에 하나씩 하나씩 이야기 하도록 하고, 여기에서는 자주 사용되는 몇 가지 내장 객체의 속성과 메서드 몇 가지만 살펴보도록 한다. 이 장에서 다루는 내용은 다음과 같다.

● **Object**

Object 생성자를 이용하여 객체를 생성하는 법을 공부한다.

● **Array**

Array 객체의 속성과 메서드를 이용하여 배열을 조작하는 방법을 살펴본다.

● **String**

문자열과 String 객체의 차이를 이해하고, String 객체의 메서드를 활용한다.

● **Date와 Math**

Date와 Math 객체의 속성과 메서드를 활용한다.

Object는 자바스크립트 내장객체 중 가장 기본이 되는 것으로 별다른 속성이나 메서드가 없는 빈 객체라고 생각하면 된다. 따라서 지금 단계에서는 Object 생성자 역시 빈 함수로 보아도 무방하다. 이렇게 하는 일이 없어 보이는 생성자를 굳이 언급하는 이유는 Object 생성자를 이용해서 사용자 정의 객체를 만드는 경우가 종종 있기 때문이다.

앞 장에서 우리는 car라는 이름의 사용자 정의 객체를 하나 만들기 위해 다음과 같이 코딩했었다.

```
var car = {
    x: 0,
    y: 0,
    move: function(nx, ny) {
        this.x += nx;
        this.y += ny;
    }
}
```

이 코드는 Object 생성자를 이용해서 다음과 같이 바꾸어 적을 수도 있다.

```
1: var car = new Object();
2: car.x = 0;
3: car.y = 0;
4: car.move = function(nx, ny) {
5:     this.x += nx;
6:     this.y += ny;
7: }
```

이 두 코드는 결과적으로 완전히 동일한 동작을 한다. 1번 행에서는 new에 의해서 빈 객체가 만들어지고, Object 생성자가 실행된 후, 변수 car가 그 객체를 가리키는 리퍼런스 변수가 된다. 앞서 말했듯 Object 생성자는 지금 우리가 관심을 가질만한 별다른 작업을 하지 않는 다고 했으므로, 1번 행이 모두 실행된 상태에서 car는 빈 객체이다.

이제 2번 행을 실행하면 car 객체에 속성 x가 만들어지고, 3번 행을 실행하면 속성 y가 만들어진다. 그리고 4~7번 행을 실행하면 메서드 move가 만들어지므로 앞에서 { ... }를 이용해서 만들어진 객체와 똑같은 객체가 생성되는 것이다.

이제 Object 생성자를 이용해서 객체를 생성하는 형식을 정리해 보면 다음과 같다.

```
var 객체명 = new Object();
객체명.속성 = 값;                              // 속성 정의
...
객체명.메서드 = function(메서드의 매개변수) {       // 메서드 정의
    // 이 메서드가 할 일
}
...
```

10.2 Array

Array 객체라는 말에서 알 수 있듯, 사실 자바스크립트에서는 배열도 객체의 일종이다. 따라서 속성과 메서드를 가지는데 그 중 length 속성은 현재 배열이 몇 칸인지를 담고 있는 속성이다. 그래서 "배열명.length"을 사용하면 배열의 크기를 알 수 있다고 이야기 했던 것이다.

자바스크립트에서 배열을 만드는 방법은 2가지가 있다.

```
var fruits = new Array('Apple', 'Banana', 'Orange');
var fruits = ['Apple', 'Banana', 'Orange'];
```

앞 절에서 객체를 만들 때 Object 생성자를 쓰는 방법과 { ... }를 쓰는 방법이 있었듯이, 배열을 만들 때도 Array 생성자를 쓰는 방법과 [...]를 쓰는 방법이 있는 것이다. 그리고 어떤 방법을 썼든 만들어지는 배열 객체는 동일하다.

한편, Array 객체에는 배열을 편하게 조작할 수 있게 해 주는 많은 메서드들도 있다. 이들 메서드를 사용하여 배열을 둘로 쪼개거나 합치고, 배열 중간의 특정 요소를 삭제하거나

추가할 수도 있다. 하지만 이 모든 메서드들을 다 여기에 모아서 다루면 오히려 혼동만 생길 수 있으므로 여기에서는 두 가지 메서드를 사용한 예 하나를 살펴보도록 하겠다. 다른 메서드들은 필요한 기능이 있을 때 검색해서 사용하도록 한다.

예제 10-1 **Array 객체의 메서드 사용 (10-1.html)**

```
 1: <!DOCTYPE html>
 2: <html>
 3: <body>
 4:   <script type="text/javascript">
 5:      var name = ['홍길동', '이순신', '강감찬', '을지문덕'];
 6:
 7:      name.sort();
 8:      document.write(name, '<br>');
 9:
10:      name.reverse();
11:      document.write(name, '<br>');
12:   </script>
13: </body>
14: </html>
```

실행결과

강감찬,을지문덕,이순신,홍길동
홍길동,이순신,을지문덕,강감찬

7번 행의 sort() 메서드는 배열에 담긴 값들을 정렬하며, 10번 행의 reverse() 메서드는 배열 내 요소들의 순서를 거꾸로 바꾼다. 덧붙여서, 메서드와 직접적인 관련이 있는 것은 아니지만 8번과 11번 행에서 배열의 내용을 출력하는 코드도 주의 깊게 보기 바란다. 대부분의 다른 언어들에서는 이런 식으로 배열의 내용을 출력할 수 없을 것이다. 하지만 자바스크립트에서는 "name + '<br>'" 과 같이 "배열명 + 문자열"을 적어주면 배열을 알아서 문자열로 바꾸어 준다. 문자열로 바꾸는 방법은 배열의 각 칸에 담긴 값을 순서대로 문자열에 담는 것이다. 이 때 각 값들은 쉼표(,)로 구분된다.

10.3 String

다음에 살펴볼 내장 객체는 String 객체이다. String 객체는 다음과 같이 만든다.

```
var s1 = 'test';
var s2 = new String('test');
```

s1는 기본 자료형인 문자열이고, s2는 문자열 객체이다. 어떤 차이가 있을까?

기본 자료형인 문자열은 속성이나 메서드를 가질 수 없다. 기본 자료형은 단순한 단일 값이기 때문이다. 하지만 문자열 객체는 String 객체에 담긴 속성이나 많은 메서드를 모두 이용할 수 있다는 점이 다르다.

하지만 여러분이 두 번째 줄처럼 일부러 String 객체를 만들어 줄 필요는 없다. 여러분이 문자열의 속성이나 메서드를 사용하려고 하면 자바스크립트가 알아서 문자열을 문자열 객체로 변환해주기 때문이다. 예를 들어 다음의 코드를 생각해보자.

```
var s1 = 'test';
document.write(s1.toUpperCase());
```

s1은 기본 자료형인 문자열이다. 그런데 두 번째 줄에서 "s1.toUpperCase()"로 s1의 메서드를 사용하였다. toUpperCase()는 주어진 문자열을 대문자로 바꾼 문자열을 반환하는 메서드이다. 자바스크립트는 이 코드를 만나면 그 순간에 s1의 문자열을 담은 String 객체를 만든 뒤, 그 객체의 toUpperCase() 메서드를 수행하는 것이다. 즉, 위 코드의 두 번째 줄은 내부적으로 다음과 같이 실행된다.

```
document.write((new String('test')).toUpperCase());
```

이런 모든 변환 작업은 자바스크립트가 알아서 하므로 여러분들이 직접 new를 이용하여 String 객체를 생성할 일은 많지 않을 것이다. 하지만 String 객체에는 문자열을 다룰 때 필수적인 수많은 메서드들이 있다. 역시 그 수가 매우 많으므로 여기에서는 대표적인 메서드 몇 개를 이용한 예제만 살펴보고, 다른 메서드들은 필요한 때에 이야기 하도록 하겠다.

```
 1: 〈!DOCTYPE html〉
 2: 〈html〉
 3: 〈body〉
 4:   〈script type="text/javascript"〉
 5:       var s = 'Javascript String Test';
 6:
 7:       document.write('시험용 문자열: ', s, '〈br〉');
 8:       document.write('대문자로 변환: ', s.toUpperCase(), '〈br〉');
 9:       document.write('문자열 "s"의 위치: ', s.indexOf('s'), '〈br〉');
10:       document.write('4-9번째 문자: ', s.substring(4, 10), '〈br〉');
11:   〈/script〉
12: 〈/body〉
13: 〈/html〉
```

실행결과

시험용 문자열: Javascript String Test
대문자로 변환: JAVASCRIPT STRING TEST
문자열 "s"의 위치: 4
4-9번째 문자: script

8번 행의 s.toUpperCase()는 문자열 s의 내용을 대문자로 바꾼 새로운 문자열을 반환한다. 원래의 문자열 s는 변함이 없다는 것에 주의하기 바란다.

9번 행의 s.indexOf('s')는 문자열 s를 앞쪽에서 뒤로 훑어가면서 문자열 's'가 나오는 위치를 알려준다. 위치 값은 0부터 시작한다. 즉, 첫 번째 글자에서 지정된 문자열이 나왔다면 0을 반환한다. 만약 지정된 문자가 문자열 안에 없었다면 −1을 반환한다.

10번행의 s.substring(4, 10)는 문자열 s의 4번째 글자부터 9번째 글자까지를 뜯어낸 부분 문자열을 반환한다. 역시 글자의 위치는 모두 0부터 시작한다. substring(a, b)가 실행되면 a번째부터 (b − 1)번째 글자까지의 부분 문자열이 얻어진다는 점에 주의하기 바란다.

Date 객체는 날짜와 시간을 담고 있는 객체이다. 이 객체를 이용하여 오늘 날짜와 시간을 얻거나 두 날짜와 시간의 차이를 계산할 수 있다.

Math 객체는 수학적인 상수와 함수를 제공하는 객체이다. 다른 내장 객체와는 달리 "new Math"로 객체를 만들지 않고 "Math.속성" 또는 "Math.메서드"의 형식으로 바로 사용하면 된다. 이렇게 객체를 만들지 않고 사용할 수 있는 속성을 객체지향 프로그래밍에서는 정적(static) 속성이라 하고 그러한 메서드는 정적 메서드라고 한다.

이들 두 객체를 사용한 간단한 예를 보이면 다음 예제와 같다.

예제 10-3 Date 객체와 Math 객체 사용 (10-3.html)

```
 1: <!DOCTYPE html>
 2: <html>
 3: <body>
 4:    <script type="text/javascript">
 5:        var today = new Date();
 6:        document.write(today + '<br>');
 7:        var xmas = new Date('2014/12/25 09:30:00');
 8:        document.write(xmas.toLocaleString() + '<br>');
 9:
10:        var r = 10;
11:        document.write('반지름 ', r, '인 원의 넓이는 ',
12:            Math.PI * Math.pow(r, 2));
13:    </script>
14: </body>
15: </html>
```

실행결과

Sat Oct 04 2014 20:48:06 GMT+0900 (대한민국 표준시)
2014년 12월 25일 오전 9:30:00
반지름 10인 원의 넓이는 314.1592653589793

5번 행과 같이 객체를 생성할 때 아무런 값도 주지 않고 "new Date()"를 실행하면 현재의 날짜와 시간을 담은 객체가 생겨난다. 그리고 6번에서 이 값을 찍으려고 하면 자바스크립트에 의해 자동으로 문자열로 바뀐다. 다만 이렇게 자동적으로 문자열로 바뀔 경우에는 서양식으로 표기된 문자열을 얻게 된다.

7번 행에서는 "new Date('2014/12/25 09:30:00')"와 같이 날짜와 시간을 지정하면 해당 날짜와 시간을 담고 있는 Date 객체가 생겨난다. 그리고 8번 행에서는 toLocaleString() 사용해서 날짜를 문자열로 바꾸었다. 이 메서드는 날짜와 시간을 시스템에서 설정한 지역에서 사용하는 형태로 변환한다.

10-12행은 Math 객체의 사용법을 보이기 위한 것이다. Math.PI는 원주율 값을 가지고 있는 속성이고 Math.pow(a, b)는 a의 b제곱을 계산하는 메서드이다.

01 Object 생성자를 이용하여 객체를 생성하는 형식을 적어 보시오.

02 Array 객체의 length 속성은 어떤 값을 담고 있는가?

03 String 객체의 메서드 중 toUpperCase(), indexOf(), substring()의 용도와 사용법을 설명해 보시오.

04 Math 객체를 사용하는 방법은 다른 내장 객체를 사용하는 방법과 다르다. 어떤 점이 다른가?

확인학습 정답

01
```
var 객체명 = new Object();
객체명.속성 = 값;                              // 속성 정의
...
객체명.메서드 = function(메서드의 매개변수) {      // 메서드 정의
    // 이 메서드가 할 일
}
...
```

02 배열의 크기

03 toUpperCase() : 문자열의 내용을 대문자로 바꾼 새로운 문자열을 반환한다.

indexOf('문자열') : 문자열을 앞쪽에서 뒤로 훑어가면서 지정된 문자열이 나오는 위치를 알려준다.

substring(a, b) : 문자열의 a번째부터 (b - 1)번째 글자까지의 부분 문자열을 반환한다.

04 다른 내장 객체와는 달리 "new Math"로 객체를 만들지 않고 "Math.속성" 또는 "Math.메서드"의 형식으로 바로 사용하면 된다.

연습문제

01 9장의 연습문제 1번에서 작성한 person 객체를 생성하는 코드를, Object 생성자를 이용하도록 바꾸어 보시오.

02 Array 객체에는 push라는 메서드가 있다. 예를 들어 아래와 같은 배열이 있을 때 push('곽재우')를 실행하면 이 배열의 맨 뒤에 '곽재우'가 추가된다. push를 이용하여 아래 배열에 사람 이름 3개를 추가한 뒤, 배열의 내용을 가나다 순으로 정렬해서 출력하는 프로그램을 작성하시오.

```
var name = ['홍길동', '이순신', '강감찬', '을지문덕'];
```

03 9장의 연습문제 4번에서 작성한 Person 생성자에 printBirthday()라는 메서드를 추가하시오. 이 메서드는 주민번호를 보고 생년월일을 출력한다. 단 주민번호 뒤 7자리 중 첫 번째 글자가 1, 2 이면 1900년대 생, 3, 4이면 2000년대 생임에 주의하시오.

04 Math에는 소수점 부분을 반올림하는 round라는 메서드가 있다. 예를 들어 Math.round(5.7)을 출력해 보면 6이 나오고, Math.round(5.3)을 출력해보면 5가 나온다. 한 사람의 5과목 시험 점수를 배열에 담고, 이 점수들의 평균값을 계산해서 출력하는 프로그램을 작성하시오. 단, 평균값은 반올림해서 소수점 부분이 없어야 한다.

11 이벤트

이벤트란 프로그램이 관심을 가져야 하는 사건을 의미한다. 즉 사용자가 버튼을 클릭하거나 특정 영역위에 마우스 커서를 가져다 놓거나 키보드의 키를 누르는 일들을 모두 이벤트라고 한다. 이 장에서는 자바스크립트에서 이러한 이벤트를 어떻게 처리할 수 있는지를 이야기 한다. 이 장에서 다루는 내용은 다음과 같다.

● 이벤트의 개념

이벤트와 이벤트 핸들러의 개념을 이해하고, 이를 활용한 프로그램을 작성하는 법을 공부한다.

● event 객체

이벤트가 발생했을 때 그에 관련된 상세한 정보를 담고 있는 event 객체를 사용하는 방법을 살펴본다.

11.1 이벤트의 개념

앞서 말한 바와 같이 이벤트는 프로그램에서 관심을 기울여야 하는 특정한 사건들을 이야기 한다. 자바스크립트에서 처리할 수 있는 이벤트는 그 수가 매우 많으며 어떤 이벤트는 특정 브라우저에서만 지원되기도 하므로, 여기에서는 자주 사용되는 중요한 이벤트만 정리해보고 나머지는 필요한 때에 자바스크립트에 관련된 웹 사이트나 참고자료를 통해 찾아가며 사용하기로 한다.

◉ 웹 문서 로딩/언로딩 관련

- onload : 웹 문서가 로드 될 때
- onunload : 현재 웹 페이지에서 빠져 나가려 할 때

◉ 포커스 관련

- onfocus : 객체에 포커스가 위치했을 때
- onblur : 객체가 포커스를 잃었을 때

◉ 마우스 관련

- onclick : 객체에 마우스를 클릭할 때
- onmouseover : 마우스가 객체 위로 왔을 때
- onmouseout : 마우스가 객체 영역을 벗어났을 때

◉ 키보드 관련

- onkeydown : 키가 눌렸을 때. shift, ctrl, alt 등 어떤 키가 눌려도 이벤트가 발생한다. 다만 뒤에 설명할 event 객체를 이용하여 실제로 어떤 키가 눌렸는지 알아볼 때 shift 여부는 프로그래머가 직접 체크해야 한다. 즉, shift+s를 누르면 shift와 s에 대해 이벤트가 각각 발생한다.
- onkeyup : 눌린 키가 다시 올라올 때
- onkeypress : 키가 눌렸을 때. shift, ctrl, alt 등의 키에는 이벤트가 발생하지 않는다. 대신 이 이벤트는 shift와 caps lock의 상태에 따라 대소문자까지 정확하게 알려준다.

모든 이벤트의 이름은 "on"뒤에 이 이벤트를 발생시킨 원인 또는 상황의 이름이 붙는 식으로 정해져 있다. 이제 HTML 문서의 요소를 나타내는 태그에 이벤트 속성을 다음과 같이 사용할 수 있다.

〈태그 이벤트명="자바스크립트 코드"〉

예를 들어 다음과 같은 버튼을 생각해 보자.

```
〈input type=button value="클릭" onclick="alert('버튼이 눌렸습니다')"〉
```

이 태그로 인해 화면에 나타난 버튼을 클릭하면 경고 대화 상자가 나타나게 된다. 즉 이벤
트 명 뒤에 적힌 자바스크립트 코드는 해당하는 이벤트가 일어났을 때 그 이벤트에 대한 처
리를 하는 코드이다. 이 코드는 이벤트를 처리한다는 의미로 이벤트 핸들러라고 불린다.

이벤트를 처리하는 간단한 예제를 보자.

예제 11-1 onload, onunload, onclick 이벤트 사용 (11-1.html)

```
1: 〈!DOCTYPE html〉
2: 〈html〉
3: 〈body onload="alert('load')"〉
4:
5:    〈input type=button value="클릭" onclick="alert('button click')"〉
6:
7: 〈/body〉
8: 〈/html〉
```

이 프로그램은 처음 로딩될 때 경고 대화상자에 "load"가 표시된다. 그리고 로딩이 끝난
후 버튼을 누르면 "button click"이 대화상자에 출력된다.

11.2 event 객체

이벤트가 발생하면 자바스크립트는 event라는 이름을 가진 객체를 만들어서 이벤트에 대
한 상세한 내용을 파악할 수 있도록 해준다. 우리들은 event 객체의 속성들을 통해 마우스
위치, 클릭한 버튼 또는 타이핑한 키 등을 알아 낼 수 있다. event 객체에는 역시 많은 속성
과 메서드가 들어 있어서 이들 모두를 살펴볼 수는 없다. 따라서 비교적 자주 사용되는 중요
한 속성들을 정리하면 다음과 같다.

마우스 관련

- clientX, clientY : 웹 문서 안에서 마우스 커서의 좌표. 웹 문서 좌상단이 (0, 0)이다.
- screenX, screenY ; 모니터 화면에서 마우스 커서의 좌표. 화면 좌상단이 (0, 0)이다.
- offsetX, offsetY : 이벤트를 발생시킨 요소(웹 문서, 버튼, 이미지 등) 안에서 마우스 커서의 좌표.
- button : 마우스에서 클릭한 버튼. 왼쪽 0, 휠 1, 오른쪽 2로 나타난다. 단, IE 8 또는 그 이전 버전에서는 왼쪽 1, 휠 4, 오른쪽 2로 나타난다.

키보드 관련

- keyCode : 타이핑한 키의 키 코드
- altKey : alt 키가 눌렸는지 여부
- ctrlKey : ctrl 키가 눌렸는지 여부
- shiftKey : shift 키가 눌렸는지 여부

event 객체를 이용한 예제를 몇 가지 보도록 하자.

예제 11-2 전화번호 입력 (11-2.html)

```
 1: <!DOCTYPE html>
 2: <html>
 3: <head>
 4:    <script type="text/javascript">
 5:       function check(event) {
 6:          var ch = String.fromCharCode(event.keyCode);
 7:
 8:          if ("1234567890-".indexOf(ch) == -1) {
 9:             alert('숫자와 -만 입력하세요');
10:             event.preventDefault();
11:          }
12:       }
13:    </script>
14: </head>
15: <body>
16:    전화번호를 입력하세요.<br>
```

```
17:    <input type="text" onkeypress="check(event)">
18: </body>
19: </html>
```

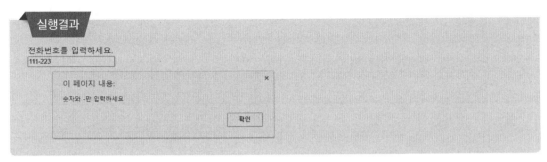

이 프로그램은 화면의 텍스트 박스를 통해 전화번호를 입력받는다. 전화번호는 숫자와 '-' 만 입력되어야 하므로 다른 키가 입력되면 경고 메시지를 출력하고 그 키는 무시하게 된다. 그렇게 하려면 키가 눌렸다는 것만 아는 것으로는 부족하고 정확하게 어떤 키가 눌렀는지를 알아야 할 것이다. 이를 위해 onkeypress 이벤트가 발생했을 때 자바스크립트 엔진이 생성해 준 event 객체를 이용한다. 17번 행에 보면 event 객체를 check 함수에 넘겨주는 것을 확인할 수 있을 것이다.

check 함수는 제일 먼저 6번 행과 같이 event.keyCode에 담긴 키 코드가 어떤 문자인지 알아낸다. String.fromCharCode() 메서드는 문자 코드(숫자)를 받아 그 코드에 해당하는 문자를 알려주는 메서드로서, 자바스크립트 내장 객체인 String 안에 정의되어 있다. 다만 다른 메서드들과는 달리 별도로 객체를 만들지 않고 "String.메서드" 형태로 사용하는 정적 메서드 이다. 하지만 정적 메서드의 개념이 정확하게 잡히지 않는다면 고민하지 말고 그저 String.fromCharCode() 라는 자바스크립트 내장 함수가 있다고 생각해도 프로그래밍에는 큰 문제가 없다. 그보다는 이 메서드를 통하여 event.keyCode에 담겨 있는 문자 코드 값이, 그에 해당하는 문자로 바뀌어 반환된다는 것이 중요하다.

그 다음 8번 행에는 문자열 객체에서 사용할 수 있는 indexOf()라는 메서드가 나온다. 이 메서드는 어떤 문자열 안에 지정된 문자열이 어느 위치에 있는지를 알려준다. 예를 들어 다음 코드를 보자.

```
var s = '01234567abc';

document.write(s.indexOf('4'));
document.write(s.indexOf('abc'));
document.write(s.indexOf('gg'));
```

이 프로그램의 실행 결과는 4, 8, −1 이다. s.indexOf('4')는 s라는 문자열 안에서 '4'라는 문자열이 몇 번째 칸에 있는지를 알려준다. 이 값은 0부터 시작하므로 첫 번째로 4를 출력하고, 두 번째는 'abc'가 있는 위치인 8을 출력하는 것이다. 단 지정된 문자열을 찾을 수가 없다면 −1을 반환하게 된다.

이제 8번 행으로 돌아가 보자. if ("1234567890−".indexOf(ch) == −1)은 『입력된 문자 ch를 "1234567890−" 중에서 찾을 수 없다면』이라는 뜻임을 알 수 있을 것이다. 따라서 이런 상황이 발생했다면 경고창을 띄워 숫자 또는 −만 입력할 수 있다고 얘기해준다.

그렇다면 10번 행의 event.preventDefault()는 어떤 메서드일까?

event 객체의 메서드인 preventDefault()는 이 이벤트가 일어났을 때 본래 수행하기로 되어 있던 디폴트 동작을 하지 않도록 해준다. 텍스트 박스에서 키를 입력했을 때의 디폴트 동작은 당연히 그 키에 해당하는 문자를 텍스트 박스에 추가하는 것이다. 이것을 막는다는 얘기는 지금 입력된 문자는 텍스트 박스에 추가되지 않도록 한다는 얘기가 되겠다. 경고창을 띄웠다는 것은 숫자와 − 외에 다른 문자가 입력되었다는 의미이므로 지금 입력된 글자가 텍스트 박스에 추가되지 않도록 해주는 것이다.

다만 이 메서드는 IE 8과 그 이전 버전 등 구 버전의 브라우저에서는 동작하지 않는다. 그런 브라우저에서는 event.preventDefault() 대신에 event.returnValue = false를 사용하면 같은 효과를 낼 수 있다.

이제 다음 예제를 보자.

예제 11-3 클릭한 좌표 출력 (11-3.html)

```
1: 〈!DOCTYPE html〉
2: 〈html〉
3: 〈head〉
4:    〈script type="text/javascript"〉
```

```
5:     function printLocation(e) {
6:         alert('전체 화면에서의 위치:' + e.screenX + ',' + e.screenY + '\n'
7:             + '웹문서 안에서의 위치:' + e.clientX + ',' + e.clientY + '\n'
8:             + 'textarea 안에서의 위치:' + e.offsetX + ',' + e.offsetY);
9:     }
10: 〈/script〉
11: 〈/head〉
12: 〈body〉
13:     텍스트 입력 상자 안에서 마우스를 클릭해보세요.〈br〉
14:     〈textarea rows="20" cols="80" onmousedown="printLocation(event)"〉
15:     〈/textarea〉
16: 〈/body〉
17: 〈/html〉
```

실행결과

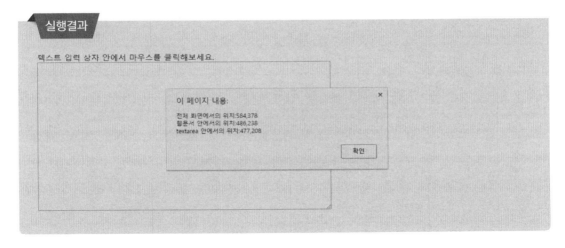

이 프로그램은 화면에 텍스트 입력 박스 위에서 마우스 클릭을 하면, 그 좌표를 경고 대화 상자에 출력해 준다.

01 이벤트란 무엇인가? 또 이벤트 핸들러란 무엇인가?

02 event.preventDefault() 메서드는 어떤 역할을 하는가?

확인학습 정답

01   이벤트 : 프로그램이 관심을 가져야 하는 사건

      이벤트 핸들러 : 이벤트가 발생했을 때 실행되어 해당 이벤트에 관련된 처리를 하는 코드

02   그 이벤트가 발생했을 때 실행하기로 되어 있는 디폴트 동작을 하지 않도록 막는다.

01 처음 웹 페이지가 로딩될 때, 경고창에 "찾아주셔서 감사합니다"라고 출력되는 코드를 작성
하여 보시오.

02 이미지로 이루어진 메뉴를 만들어 보시오. 먼저 다음과 같은 하나의 이미지를 그림판 등에
서 간단히 만든 다음, 이 그림 위에서 마우스 클릭이 일어나면 x 좌표를 확인하여 어느 메뉴
위에서 클릭이 일어났는지를 경고창에 출력하면 된다.

홈으로	회사소개	관련사이트	쇼핑몰

12 widow 객체

자바스크립트에는 사용자가 직접 생성하지 않아도 미리 만들어져 있는 내장 객체들이 있다. 그리고 그것들은 다시 Array, Date 등과 같이 일반적인 자바스크립트 프로그래밍을 도와주는 자바스크립트 내장 객체와, 웹 브라우저를 제어하는데 사용하는 브라우저 내장 객체로 나눌 수 있다. 그리고 브라우저 내장 객체 중 window 객체는 웹브라우저 창에 대응하는 객체로서 가장 기본이 되는 객체라고 할 수 있으며 다른 모든 브라우저 내장 객체들은 window 객체에 속한 하나의 속성이다.

이 장에서는 window 객체가 가진 속성과 메서드들을 살펴보고 그 것들로 어떤 일을 할 수 있는지를 이야기 한다. 이 장에서 다루는 내용은 다음과 같다.

◉ window 객체의 속성과 메서드

window 객체의 속성과 메서드들을 훑어보고 이 객체의 구조를 정리한다.

◉ 새 창 열고 닫기

window 객체의 메서드들을 이용하여 새 창을 열고 닫는 방법을 살펴본다.

◉ 창 이동과 크기 변경

브라우저 창의 위치와 크기를 변경하는 메서드들과 이에 관련된 속성들을 살펴본다.

◉ 타이머 활용

타이머 메서드들을 이용하여 일정 시간 뒤, 또는 일정 시간 마다 주기적으로 실행해야 할 작업들을 처리하는 방법을 공부한다.

● window 객체의 속성 객체들

window 객체의 속성인 navigator, location, history, screen 객체를 살펴본다.

12.1 window 객체의 속성과 메서드

앞서 말한 바와 같이 window 객체는 웹브라우저 창을 표현하는 객체이다. 모든 웹브라우저 창에는 이에 대응하는 window 객체가 하나씩 만들어진다. 따라서 팝업창이 열리면 그 팝업창에 대응하는 window 객체가 만들어지며, 어떤 창 안에 여러 개의 프레임이 있다면 각각의 프레임에도 이에 대응하는 window 객체가 만들어 진다. 우리는 특정한 창에 대응되는 window 객체의 속성을 통해 그 창에 대한 정보를 알 수 있고, 메서드들을 통해 그 창을 제어할 수 있다.

먼저 window 객체의 속성을 살펴보자. 단 정리해 놓은 속성들을 보고 "이걸 어떻게 다 외우지?"와 같은 걱정은 하지 말길 바란다. 이 모든 속성을 다 외우고 프로그래밍을 할 수는 없다. 기본적으로는 어떤 속성들이 있는지만 알고 있다가 특정한 기능이 필요할 때 그것을 위해 어떤 속성을 써야할지를 찾아보고 프로그래밍을 할 수 있으면 된다. 다만 아주 빈번하게 사용되는 속성들 몇 개는 외우고 있는 것이 좋겠다. 혹시 어떤 것을 외워야 할지 잘 판단이 서지 않는다면 이 책에 나오는 예제에서 사용하는 정도만 외워두면 될 것이다.

● 일반 속성 (단일 값을 가지는 속성)

- name : 창의 이름을 읽거나 설정
- closed : 창이 열려있는지 여부 (true/false)
- outerWidth, outerHeight : 창의 가로와 세로 길이
- innerWidth, innerHeight : 창의 내용 표시 부분의 가로와 세로 길이
- screenX, screenY : 모니터 좌상단점을 (0, 0)이라 할 때, 창의 내용 표시 부분의 x, y 좌표. 단, IE 9 이전 버전에서는 동작하지 않음
- screenLeft, screenTop : 위와 동일. 단 FireFox에서는 동작하지 않음
- pageXOffset, pageYOffset : 현재 문서가 가로/세로 방향으로 스크롤된 픽셀 수

- defaultStatus : 페이지 로드 중에 표시될 상태 표시줄의 내용을 읽거나 설정. 단, 많은 브라우저의 디폴트 설정에서는 동작하지 않음
- status : 상태 표시줄의 내용을 읽거나 설정. 단, 많은 브라우저의 디폴트 설정에서는 동작하지 않음
- length : 이 창 안에 있는 프레임들의 수

◉ 다른 window 객체를 가리키는 속성
- self : window 객체 자신. 즉 self와 window는 같은 객체를 가리킨다.
- opener : 이 창이 팝업창일 때, 이 창을 만든 창의 window 객체
- parent : 이 창이 프레임일 때, 이 프레임을 담고 있는 바로 위의 프레임
- top : 이 창이 프레임일 때, 이 프레임을 담고 있는 가장 상위의 창
- frames : 이 창 안에 있는 프레임들을 담은 배열

◉ 창에 관련된 내장 객체를 담고 있는 속성
- navigator : 브라우저에 대한 정보들을 가진 객체
- screen : 모니터 화면에 대한 정보들을 가진 객체
- history : 사용자가 방문한 URL 기록을 가진 객체
- location : 현재 표시하고 있는 웹 페이지 URL에 대한 정보들을 가진 객체
- document : 현재 표시하고 웹 문서 객체

위의 속성들의 설명 중 "읽거나 설정"이라고 적어 놓은 name, defaultStatus, status 외의 다른 속성은 값을 읽기만 하는 용도로 사용된다.

window 객체의 메서드는 다음과 같다.

◉ 대화상자를 띄우는 메서드
- alert() : 경고 대화 상자를 띄운다.
- confirm() : "확인/취소" 대화상자를 띄운다.
- prompt() : 입력 대화상자를 띄운다.

● 창을 제어하는 메서드

- open() : 새 창을 연다.
- close() : 창을 닫는다.
- focus() : 창에 포커스를 맞춘다.
- blur() : 창에서 포커스를 없앤다. Opera에서는 동작하지 않으며, 다른 브라우저에서도 설정에 따라 동작하지 않을 수 있다.
- print() : 창의 내용을 프린트한다.
- stop() : 웹 문서 로딩을 중단한다. IE에서는 동작하지 않는다.

● 창 크기/위치를 변경하거나 내용을 스크롤하는 메서드

- moveBy() : 창을 (x, y)로 지정된 만큼 이동시킨다.
- moveTo() : 창을 (x, y)로 지정된 위치로 이동시킨다.
- resizeBy() : 창의 크기를 (x, y)로 지정된 만큼 늘리거나 줄인다.
- resizeTo() : 창의 크기가 (x, y)가 되도록 바꾼다.
- scrollBy() : 창의 내용을 (x, y)로 지정된 만큼 스크롤한다.
- scrollTo() : 창의 내용을 (x, y)로 지정된 위치로 스크롤한다.

● 타이머 관련 메서드

- setInterval() : 지정된 주기마다 지정된 함수를 실행한다.(단위는 밀리초)
- setTimeout() : 지정된 시간 후에 지정된 함수를 실행한다.(단위는 밀리초)
- clearInterval() : setInterval()로 설정된 타이머를 해제한다.
- clearTimeout() : setTimeout()으로 설정된 타이머를 해제한다.

● 인코딩 관련 메서드

- atob() : base−64로 인코딩된 문자열을 디코드한다.
- btoa() : base−64로 인코딩한다.

우리는 이미 대화상자를 띄우는 메서드인 alert()와 prompt()를 사용해 보았다. 다만 이것들이 window 객체에 속한 메서드라는 것을 감안하면 원래는 다음과 같이 사용했어야 할 것이다.

```
window.alert('경고');
var a = window.prompt('입력', '');
```

하지만 우리는 지금까지 "window." 없이도 이들 메서드를 아무 문제없이 사용해왔다. 즉, window 객체의 속성이나 메서드를 사용할 때는 특별히 "window."를 생략할 수 있다.

이제부터는 위의 메서드들 중, 창을 제어하는 메서드, 창 크기/위치를 변경하거나 내용을 스크롤하는 메서드, 그리고 타이머 관련 메서드에 대해 설명해 나갈 것이다. 이 메서드들의 사용법을 설명하다보면 자연스럽게 window 객체의 속성들 중 몇 가지를 사용하게 되기 때문이다.

12.2 새 창 열고 닫기

새 창을 열기 위해서는 open 메서드를 사용한다. 사용법은 다음과 같다.

```
var 객체명 = open(표시할 URL, 새 창 이름, 옵션)
```

표시할 URL은 새로 열린 창에 표시할 웹 페이지의 URL을 적는다. 만약 빈 문자열을 주면 빈 페이지를 표시하게 된다.

새 창 이름은 HTML 또는 자바스크립트 코드에서 이 창을 지칭할 때 사용할 이름이다.

옵션은 새 창의 위치, 크기, 툴바 등의 표시 여부를 지정하는 등 새로 열릴 창의 형태를 지정하는데 사용된다.

예를 들면 다음과 같다.

```
var n = open('http://google.com', 'popup',
        'left=20, top=30, width=100, height=150');
```

이 코드는 새로운 창을 연다. 창에는 구글 홈 페이지가 나타나고, 이 창의 이름은 popup 이며, 이 창의 좌상단 꼭지점은 화면의 (20, 30)에 있게 되고, 가로 크기는 100, 세로 높이 는 150이 된다. 그리고 open 메서드는 새 창을 열고나면 이렇게 열린 창의 window 객체를 반환하는데, n이라는 리퍼런스 변수가 그 객체를 가리키게 된다. 즉, 자바스크립트 코드에 서 새로 열린 창 객체를 n이라는 이름으로 사용할 수 있다.

창을 닫기 위해서는 close 메서드를 사용한다. 예를 들어 n.close()를 실행하면 n이 가리키 고 있는 창이 닫힌다. 만약 window.close() 또는 close()를 실행하면 현재 창이 닫히게 된다.

이제 예제를 하나 보도록 하자.

예제 12-1 창 열고 닫기 (12-1.html)

```
 1: <!DOCTYPE html>
 2: <html>
 3: <head>
 4:    <script type="text/javascript">
 5:        var win;
 6:
 7:        function openWin() {
 8:            win = open('12-1b.html', 'popup',
 9:                    'left=20, top=30, width=200, height=150')
10:        }
11:
12:        function closeWin() {
13:            if (win && !win.closed)
14:                win.close();
15:        }
16:    </script>
17: </head>
18: <body>
19:    <input type="button" value="창 열기" onclick="openWin()">
20:    <input type="button" value="창 닫기" onclick="closeWin()">
21: </body>
22: </html>
```

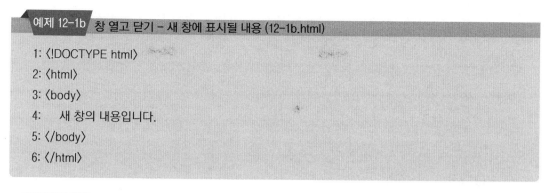

```
1: <!DOCTYPE html>
2: <html>
3: <body>
4:    새 창의 내용입니다.
5: </body>
6: </html>
```

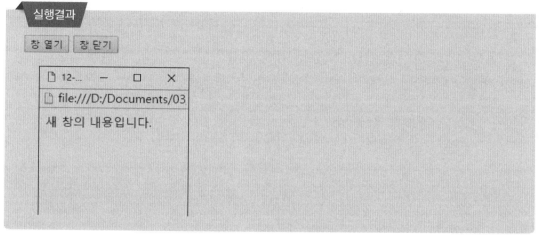

실행결과

다만 주의할 것은 창이 열린 상태에서 다시 창 열기 버튼을 누르면 새로운 창이 더 생겨나는 것이 아니라, 기존의 창의 내용이 새로 고침만 된다는 점이다.

이 코드를 실행하면 두 개의 버튼이 나타난다. 창 열기 버튼을 누르면 새로 창이 열리며, 창 닫기 버튼을 누르면 그 창이 닫힌다.

다만 주의할 것은 창이 열린 상태에서 다시 창 열기 버튼을 누르면 새로운 창이 더 생겨나는 것이 아니라, 기존의 창의 내용이 새로 고침만 된다는 점이다. 이것은 open() 메서드에서 창의 이름을 popup으로 고정했기 때문이다. 맨 처음 버튼을 눌렀을 때는 popup이라는 이름의 창이 없으므로 새 창을 열고 그 안에 지정된 페이지를 띄우지만, 두 번째 누를 때는 이미 popup이라는 이름의 창이 존재하는 상태이다. 따라서 그 창에 새롭게 페이지를 다시 띄우기만 한다. 버튼을 누를 때마다 새로운 창이 열리게 하려면 open()을 할 때마다 매번 새로운 이름을 주거나 아예 이름을 '_blank'로 주어야 한다. 이것은 HTML과 자바스크립트에서 새 창을 뜻하는 특별한 이름이다.

두 번째로 주의 깊게 볼 것은 창을 닫기 전에 13번 행에서 if (win && !win.closed)로 그 창이 현재 열려 있는 상태인지 체크를 하는 부분이다. 이 if문을 풀어 쓰면 다음과 같다.

```
if (win != null && win.closed != true)
```

즉, win이 가리키는 객체가 존재하고 그 창이 닫혀있는 상태가 아니면 창을 닫겠다는 의미이다.

12.3 창 이동과 크기 변경

창을 이동시키기 위해서는 moveBy 또는 moveTo를 사용한다. 둘 다 창을 이동시킨다는 점은 같지만 moveBy(nx, ny)는 현재 위치를 기준으로 가로로 nx만큼, 세로로 ny만큼 이동시킨다. 즉 이 메서드에는 음수 값이 나올 수 있다. 하지만 moveTo(x, y)는 현재 위치에 관계없이 지정된 위치로 창을 이동시킨다.

창의 크기를 변경하는 resizeBy와 resizeTo도 비슷한 관계이다. resizeBy(nx, ny)는 현재 창의 크기를 기준으로 가로로 nx만큼, 세로로 ny만큼 창의 크기를 변경한다. 이에 비해 resizeTo(x, y)는 현재 크기에 상관없이 무조건 창의 크기를 가로 x, 세로 y로 만든다.

역시 예제를 통해 사용법을 확인하도록 하자.

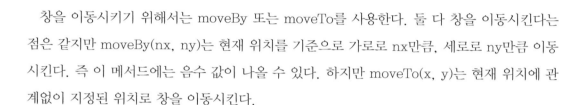

예제 12-2 창 이동과 크기 변경 (12-2.html)

```
1: 〈!DOCTYPE html〉
2: 〈html〉
3: 〈head〉
4:    〈script type="text/javascript"〉
5:       var win;
6:
7:       function openWin() {
8:          win = open('', 'popup', 'left=20, top=30');
9:          win.resizeTo(200, 150);
10:      }
11:
12:      function closeWin() {
13:         if (win && !win.closed)
14:            win.close();
```

```
15:        }
16:    </script>
17: </head>
18: <body>
19:    <input type="button" value="창 열기" onclick="openWin()">
20:    <input type="button" value="창 닫기" onclick="closeWin()">
21:    <br>
22:    <input type="button" value="창 이동" onclick="win.moveBy(10, 10)">
23:    <input type="button" value="처음 위치로" onclick="win.moveTo(20, 30)">
24:    <br>
25:    <input type="button" value="창 크게" onclick="win.resizeBy(10, 10)">
26:    <input type="button" value="처음 크기로" onclick="win.resizeTo(200, 150)">
27: </body>
28: </html>
```

12.4 타이머 활용

타이머를 설정하는 메서드는 setTimeOut()과 setInterval()이 있다. setTimeout()은 일정 시간 후에 한번만 실행하는 타이머를 설정하는 것이고, setInterval()은 일정 시간마다 주기적으로 반복해서 실행하는 타이머를 설정할 때 사용한다.

setTimeout의 사용 형식은 다음과 같다.

setTimeout('실행할 코드', 딜레이 시간)

위에서 딜레이 시간의 단위는 밀리초이다. 이제 예제를 보도록 하자.

예제 12-3 setTimeout 메서드 사용 (12-3.html)

```
1: <!DOCTYPE html>
2: <html>
3: <head>
4:    <script type="text/javascript">
```

```
 5:        function gotoNaver() {
 6:            open('http://naver.com', '_self', '');
 7:        }
 8:    </script>
 9: </head>
10: <body onload="setTimeout('gotoNaver()', 3000)">
11: 3초 뒤에 네이버로 이동합니다.
12: </body>
13: </html>
```

이 예제를 실행하면 3초 뒤에 네이버로 화면이 바뀌는 것을 볼 수 있다. 10번 행의 body 태그를 통해 페이지가 로딩될 때 setTimeout으로 타이머를 설정했기 때문이다. 이 코드는 3초 뒤에 gotoNaver()라는 함수를 실행시킨다.

함수 gotoNaver()는 단 한 줄 뿐이다. 페이지를 이동시키기 위해서 open() 메서드를 이용하였다. 본래 open() 메서드는 새 창을 열고 지정된 URL을 화면에 표시해주는 메서드인데, 열릴 창의 이름을 '_self'라고 주면 현재 창에 지정된 페이지를 띄우기만 하게 된다. 이것은 '_self'가 현재 창을 가리키는 특별한 이름이기 때문이다. 즉, 이 코드를 그대로 해석해 보면 현재창을 열고 거기에 네이버를 띄우라는 내용인데, 현재 창은 당연히 이미 열려 있는 창이므로 별도로 창을 열지 않고 그대로 네이버만 띄우게 되는 것이다.

이제 setInterval()의 사용법을 살펴보자. 사용 형식은 다음과 같다.

타이머ID = setInterval('실행할 코드', 실행 주기)

실행 주기도 역시 밀리초 단위이다. 이 메서드는 setInterval()을 통해 만들어진 타이머의 ID를 반환하는데, 이 ID는 clearInterval() 메서드를 이용해서 타이머를 해제할 때 사용된다. 이렇게 각각의 타이머에 ID가 붙는 이유는 하나의 프로그램에서 여러 개의 타이머를 사용할 수 있기 때문이다. 타이머를 해제할 때는 다음과 같이 한다.

clearInterval(타이머ID);

이제 예제를 보면서 사용법을 익히도록 하자.

setInterval 메서드 사용 (12-4.html)

```
1: <!DOCTYPE html>
2: <html>
3: <head>
4:    <script type="text/javascript">
5:        var tid;
6:
7:        function notice() {
8:            alert('5초가 지났습니다.');
9:        }
10:   </script>
11: </head>
12: <body>
13:    5초마다 경고창을 띄워 알려줍니다.
14:    <input type="button" value="시작"
15:        onclick="tid = setInterval('notice()', 5000)">
16:    <input type="button" value="마침" onclick="clearInterval(tid)">
17: </body>
18: </html>
```

실행결과

두 숫자의 합은 8   ☜ 대화상자에 각각 3과 5를 입력했다고 가정

기본적인 사용 형식은 setTimeout()과 같으므로 큰 문제없이 이해할 수 있을 것이다. 다만 setInterval()은 지정된 코드를 한번만 실행하는 것이 아니라, 지정된 주기마다 반복해서 실행한다. 따라서 이 코드를 실행한 뒤 "시작" 버튼을 누르면 매 5초마다 경고창이 떠서 5초가 지났음을 알려주며, "마침" 버튼을 누르면 타이머가 해제되어 더 이상 경고창이 뜨지 않게 된다.

12.5. window 객체의 속성 객체들

여기에서는 window 객체의 속성인 객체들을 활용하는 방법들을 살펴본다. 단, document 객체는 공부할 내용이 많으므로 별도의 장으로 나누어 뒤에서 다룰 것이다.

12.5.1 navigator 객체

navigator 객체는 브라우저의 종류와 버전 등, 브라우저와 관련된 정보들을 담고 있다. 이 객체에는 많은 속성들이 담겨 있지만, 브라우저의 종류를 판별하고 싶을 때 많이 사용되는 속성은 userAgent라는 속성이다. 다음 예제를 보자.

예제 12-5 브라우저 종류 알아내기 (12-5.html)

```
 1: <!DOCTYPE html>
 2: <html>
 3: <body>
 4:    <script type="text/javascript">
 5:       function getBrowserType() {
 6:          var ua = navigator.userAgent.toLowerCase();
 7:
 8:          if (ua.indexOf("trident/7.0") != -1) return 'IE11';
 9:          if (ua.indexOf("trident/6.0") != -1) return 'IE10';
10:          if (ua.indexOf("trident/5.0") != -1) return 'IE9';
11:          if (ua.indexOf("trident/4.0") != -1) return 'IE8';
12:          if (ua.indexOf("msie")        != -1) return 'IE7 또는 이하 버전';
13:          if (ua.indexOf("chrome")      != -1) return 'Chrome';
14:          if (ua.indexOf("firefox")     != -1) return 'Firefox';
15:          if (ua.indexOf("safari")      != -1) return 'Safari';
16:       }
17:
18:       document.write('브라우저 종류: ' + getBrowserType());
19:    </script>
20: </body>
21: </html>
```

브라우저 종류: Chrome

이 예제는 현재 사용 중인 브라우저의 종류가 무엇인지 출력한다. 특히 인터넷 탐색기(IE)의 경우에는 그 버전까지 정확하게 알려준다. 이를 위해서 navigator의 userAgent라는 속성에 담긴 문자열을 사용했는데, 이 문자열은 본래는 꽤 긴 문자열이다. 예를 들어 IE 11에서 userAgent 문자열은 다음과 같다.

IE11Mozilla/5.0 (Windows NT 6.1; WOW64; Trident/7.0; SLCC2; .NET CLR 2.0.50727; .NET CLR 3.5.30729; .NET CLR 3.0.30729; Media Center PC 6.0; InfoPath.3; .NET4.0C; .NET4.0E; rv:11.0) like Gecko

이 문자열 중에서 IE임을 구분할 수 있는 단어는 Trident이다. IE 11에서는 Trident/7.0, IE 10에서는 Trident/6.0과 같은 문자열을 담고 있기 때문이다. 하지만 IE 7이나 그 이전 버전은 이 문자열을 담고 있지 않고 대신 "MSIE"라는 문자열을 가지고 있다. 그 외에 다른 브라우저는 각각 자신의 이름이 이 속성 문자열 안에 있으므로 그러한 문자열이 있는지를 보고 브라우저의 종류를 파악할 수 있다.

12.5.2 location 객체

location은 현재 창에서 보여 주고 있는 웹 문서의 URL 정보를 관리하는 객체이다. location에서 가장 빈번하게 사용되는 속성은 href인데, 이것은 현재 표시하고 있는 URL이다. 이 값은 읽기 뿐 아니라 쓰기도 되므로 다른 주소로 이동하기 위해 이 속성을 사용한다. 다음 예제를 보자.

예제 12-6 다른 주소로 이동하기 (12-6.html)

```
1: <!DOCTYPE html>
2: <html>
3: <head>
```

```
 4:    〈script type="text/javascript"〉
 5:        function gotoNaver() {
 6:            location.href = 'http://naver.com';
 7:            // open('http://naver.com', '_self', '');
 8:        }
 9:    〈/script〉
10: 〈/head〉
11: 〈body onload="setTimeout('gotoNaver()', 3000)"〉
12: 3초 뒤에 네이버로 이동합니다.
13: 〈/body〉
14: 〈/html〉
```

사실 조금 전에 이와 똑같은 동작을 하는 예제를 본 기억이 날 것이다. 그 때는 7번 행에
주석 처리된 것과 같이 open() 메서드를 사용하여 페이지를 이동하였다. 6번 행의 코드도
똑같은 동작을 하게 되며, 일반적으로 open보다는 location.href를 사용하는 것이 더 일반
적이다.

12.5.3 history 객체

history 객체는 현재 브라우저 창에서 열었던 웹 문서들의 이력을 유지하는 역할을 한다.
우리는 이 객체의 메서드들을 이용하여 이전에 방문했던 페이지나 그 뒤에 방문했던 페이지
들로 이동할 수 있다. 관련된 메서드들을 정리하면 다음과 같다.

- back() : 이전 페이지로 돌아간다. 브라우저의 뒤로 가기 버튼을 누른 것과 같은 효과를
  나타낸다.
- forward() : 한 페이지 다음으로 이동한다. 브라우저의 앞으로 가기 버튼을 누른 것과
  같은 효과를 나타낸다.
- go(n) : 앞으로 또는 뒤로 n 단계만큼 이동한다. 즉 go(-1)은 back()과 같은 동작을 하고,
  go(1)은 forward()와 같은 동작을 한다. go(0)은 현재 페이지를 새로 고침 하게 된다.

예제를 보도록 하자.

예제 12-7　앞으로 뒤로 이동하기 (12-7.html)

```
1: <!DOCTYPE html>
2: <html>
3: <body>
4:    <input type=button value="<뒤로" onclick="history.back()">
5:    <input type=button value="앞으로>" onclick="history.forward()">
6: </body>
7: </html>
```

이 예제를 제대로 실행해 보기 위해서는 이 프로그램 실행 앞뒤에 방문한 페이지가 있어야 한다. 예를 들면, 먼저 구글을 방문하고, 이 프로그램 페이지를 방문하고, 네이버를 방문한다. 그리고 뒤로 가기 버튼을 눌러 이 프로그램 페이지가 뜨면, 앞으로 또는 뒤로 이동할 수 있게 된다.

12.5.4 screen 객체

screen 객체는 브라우저 창이 아니라 모니터 화면에 대한 크기 및 색상 정보를 관리한다. 간단한 예제를 통해 어떤 속성들이 있는지 살펴보도록 하자.

예제 12-8　screen 객체의 속성 (12-8.html)

```
1: <!DOCTYPE html>
2: <html>
3: <body>
4:    <script type="text/javascript">
5:        for (var prop in screen)
6:            document.write(prop + ': ' + screen[prop] + '<br>');
7:    </script>
8: </body>
9: </html>
```

availWidth: 1920
availHeight: 1160
width: 1920
height: 1200
colorDepth: 24
pixelDepth: 24
availLeft: 0
availTop: 0
orientation: [object ScreenOrientation]

5번과 6번 행은 screen 객체의 모든 속성을 화면에 출력하도록 한다. 이 중 우리가 관심을 가질 만한 속성은, 화면의 가로와 세로 픽셀 수를 나타내는 width와 height, 그리고 작업 표시줄 등의 영역을 제외한 크기를 담고 있는 availWidth와 availHeight 정도가 되겠다.

01 window.alert('a')와 alert('a')는 어떤 차이가 있는가?

02 새 창을 여는 메서드의 사용법을 적어 보시오.

03 moveBy()와 moveTo() 메서드의 차이는 무엇인가?

04 setTimeout()과 setInterval() 메서드의 차이는 무엇인가?

05 navigator, location, history, screen 객체가 각각 무엇에 관한 정보를 담고 있거나 관리하는지 설명해 보시오.

확인학습 정답

01 아무 차이가 없다. window 객체의 속성과 메서드를 사용할 때에는 window를 생략하고 쓸 수 있기 때문이다.

02 var 객체명 = open(표시할 URL, 새 창 이름, 옵션)

03 moveBy(nx, ny)는 현재 위치를 기준으로 가로로 nx만큼, 세로로 ny만큼 이동시킨다. 즉 이 메서드에는 음수 값이 나올 수 있다. 하지만 moveTo(x, y)는 현재 위치에 관계없이 지정된 위치로 창을 이동시킨다.

04 setTimeout()은 일정 시간 후에 한번만 실행하는 타이머를 설정하는 것이고, setInterval()은 일정 시간마다 주기적으로 반복해서 실행하는 타이머를 설정할 때 사용한다.

05 navigator : 브라우저 관련 정보
location : 현재 표시하고 있는 URL에 관련된 정보
history : 현재 브라우저에서 방문한 페이지들의 이력
screen : 모니터 화면에 관련된 정보

01 window.confirm() 메서드의 사용법을 인터넷에서 찾아보고 이를 이용한 간단한 예제를 작성해 보시오.

02 버튼을 누를 때마다 계속해서 새 창을 만드는 프로그램을 작성해 보시오.

03 예제 12-2에 창을 왼쪽 위 방향으로 이동시키는 버튼과 창의 크기를 줄이는 버튼을 추가하고 이 버튼이 동작하도록 해 보시오.

04 처음 페이지가 로드될 때 새 창을 화면 좌표로 (0, 0)인 위치에 열고, 이 창이 1초마다 오른쪽으로 10, 아래쪽으로 10씩 이동하도록 하는 프로그램을 작성하시오. 단, 이 창이 (100, 100) 위치에 도달하면 다음번에는 다시 원래 위치인 (0, 0)으로 돌아가야 한다.

05 예제 12-8과 같은 방법으로 객체에 속한 속성들을 출력하는 것은 screen 뿐 아니라 다른 객체들에 대해서도 할 수 있다. navigator와 location 객체의 속성을 모두 출력해 보고 어떤 속성들이 있는지 살펴보시오.

13 document 객체

　window 객체의 속성 중의 하나인 document 객체는 브라우저에 로드된 웹 문서에 대응하는 객체이며, 이를 통해 웹 문서의 모든 요소에 접근할 수 있다. document 객체 역시 많은 속성들과 메서드들을 가지고 있으므로 모든 속성과 메서드들을 하나씩 다룰 수는 없고 실제 프로그래밍에서 자주 사용되는 것들만을 살펴볼 것이다. 이 장에서 다루는 내용은 다음과 같다.

● 새 창에 문서 출력

　document.write() 메서드를 이용하여 현재 창이 아닌 다른 창에 출력을 하는 방법을 살펴본다.

● 태그와 객체

　웹 문서의 구성요소들을 자바스크립트로 어떻게 제어할 수 있는지를 살펴본다.

● 폼 전송 전 검사

　〈form〉 태그를 사용하여 만들어진 폼에서 전송이 이루어지기 직전에 입력된 값들을 체크하는 방법을 공부한다.

● 태그와 이벤트 핸들러 코드 분리

　HTML 태그와 자바스크립트 이벤트 핸들러 코드를 분리하는 방법을 이해하고 이를 활용한 프로그래밍 방법을 공부한다.

13.1 새 창에 문서 출력

우리들은 그 동안 별 생각 없이 화면에 무언가 출력하려면 document.write()를 사용해 왔다. 이미 짐작했겠지만, write는 document의 메서드이며 브라우저 창에 문자열을 출력하는 역할을 한다.

여기에서 window 객체가 각각의 창마다 따로 하나씩 생기고, 그 안에는 document 속성이 있다는 점을 생각한다면, 현재 창이 아니라 다른 창에도 무언가 내용을 출력할 수 있을 것이란 짐작을 할 수 있다. 다음 예제를 보자.

예제 13-1 ▸ 새 창에 출력하기 (13-1.html)

```
1: <!DOCTYPE html>
2: <html>
3: <head>
4:   <script type="text/javascript">
5:     var win;
6:
7:     function openWin() {
8:         win = open('', '', 'left=20, top=30, width=200, height=150');
9:         win.document.write('<!DOCTYPE html>');
10:        win.document.write('<html>');
11:        win.document.write('<body>');
12:        win.document.write('    새로 열린 창입니다.');
13:        win.document.write('</body>');
14:        win.document.write('</html>');
15:     }
16:
17:     function closeWin() {
18:        if (win && !win.closed)
19:            win.close();
20:     }
21:   </script>
22: </head>
23: <body>
24:   <input type="button" value="창 열기" onclick="openWin()">
```

```
25:    〈input type="button" value="창 닫기" onclick="closeWin()"〉
26: 〈/body〉
27: 〈/html〉
```

이 예제는 앞 장에서 window.open() 메서드를 테스트할 때 사용했던 것과 크게 달라진 것이 없고, 단지 9~14번 행이 추가된 것이다. 새로 열린 창의 window 객체의 이름은 win 이므로, win.document.write를 실행하면 현재 창이 아니라 새로 열린 창에 지정된 문자열 이 출력된다.

13.2 태그와 객체

13.2.1 태그와 객체의 관계

사실 브라우저는 웹 문서가 로드되면 각각의 태그에 대응되는 객체를 하나씩 만든다. 예 를 들어 다음과 같은 태그를 생각해 보자.

```
〈input type="text" value="sample text"〉
```

이 태그는 화면에 텍스트를 입력받는 입력란을 만든다. 그리고 입력란의 초기 값은 "sample text"로 되어 있다.

여기서 중요한 것은, 앞서 말한 바와 같이 웹 문서가 로드되면 이 태그에 대응되는 객체가 생겨난다는 것이다. 다음과 같은 객체가 생겨난다.

```
{
    type : "text",
    value : "sample text"
}
```

브라우저는 웹 문서의 모든 태그에 대해 이러한 방식으로 대응되는 객체를 만들고

document 객체 안에 보관한다. 문제는 이 객체의 이름인 자바 스크립트 변수까지 만들어 주는 것은 아니라는 점이다. 따라서 이 객체를 다루고 싶으면 다음과 같이 태그에 id 속성을 부여하여 식별한다.

```
<input type="text" value="sample text" id="strInput">
```

그러면 이 태그로 인해 생기는 객체는 다음과 같다.

```
{
    type : "text",
    value : "sample text",
    id : "strInput"
}
```

이제 이 객체를 가리킬 자바스크립트 변수를 만들어 보자. document 객체는 지정된 id 속성 값을 가지는 태그 객체를 찾아주는 메서드를 가지고 있는데 그 사용 방법은 다음과 같다.

```
var 변수명 = document.getElementById("찾는 객체의 id 속성 값");
```

즉, 이 예에서는 다음과 같이 할 수 있다.

```
var input = document.getElementById("strInput");
```

이제부터 input이라는 이름으로 저 태그의 다른 속성 값들을 바꿀 수 있다. 예를 들어 다음과 같은 코드를 생각해 보자.

```
input.value = "new text";
```

이 코드를 실행하면 텍스트 입력란의 내용이 "new text"로 바뀌게 된다. 사실 계속해서 이 태그에 접근할 필요가 없다면 굳이 일부러 자바스크립트 변수를 만들지 않고 다음과 같이 간단하게 한 줄로 할 수도 있다.

```
document.getElementById("strInput").value = "new text";
```

이 코드는 strInput이라는 id를 가진 태그를 찾아서 그 태그의 value 속성 값을 "new text"로 바꾼다.

이러한 방법을 사용하면 prompt() 메서드를 사용하여 별도의 창을 열지 않고도 우리가 원하는 형태로 입력을 받을 수 있다. 다음 예제를 보자.

예제 13-2 사각형의 넓이 계산 (13-2.html)

```
1: <!DOCTYPE html>
2: <html>
3: <head>
4:    <script type="text/javascript">
5:       function getArea() {
6:          var width = Number(document.getElementById('width').value);
7:          var height = Number(document.getElementById('height').value);
8:
9:          document.getElementById('result').value = width * height;
10:      }
11:   </script>
12: </head>
13: <body>
14:    가로: <input type="text" id="width"><br>
15:    세로: <input type="text" id="height"><br>
16:    <input type="button" value="계산" onclick="getArea()"><br>
17:    사각형의 넓이 : <input type="text" id="result" readonly>
18: </body>
19: </html>
```

```
가로: |10
세로: |20
[계산]
사각형의 넓이 : |200
```

계산 버튼을 눌러 getArea() 함수가 실행되면 이 함수는 첫 번째 입력란에서 가로를, 두 번째 입력란에서 세로 값을 읽어 그 두 값을 곱한 답을 세 번째 입력란에 표시한다. 세 번째 입력란은 값을 입력받는 것이 아니라 계산 결과를 보여주기 위한 것이므로 readonly 속성을 주었다.

13.2.2 DOM(Document Object Model)

사실 각 태그에 대응하는 객체는 창고에 대충 무더기로 쌓여 있는 것이 아니라 일정한 체계를 가지고 정리가 되어 있다. 다음과 같은 HTML 소스를 생각해 보자.

예제 13-3 HTML 폼 예제 (13-3.html)

```
 1: <!DOCTYPE html>
 2: <html>
 3: <head>
 4:   <title>
 5:     HTML 폼 예제
 6:   </title>
 7: </head>
 8: <body>
 9:   <form action="member.jsp" name="member_form">
10:     회원인 경우 이곳에 입력하세요.<br>
11:     이름: <input type="text" name="username" id="member_name"><br>
12:     e-mail: <input type="text" name="email" id="member_email"><br>
13:     <input type="submit" value="전송">
14:   </form>
15:   <br><br>
```

```
16:    〈form action="visitor.jsp" name="visitor_form"〉
17:        회원이 아닌 경우 이곳에 입력하세요.〈br〉
18:        이름: 〈input type="text" name="username" id="visitor_name"〉〈br〉
19:        e-mail: 〈input type="text" name="email" id="visitor_email"〉〈br〉
20:        〈input type="submit" value="전송"〉
21:    〈/form〉
22: 〈/body〉
23: 〈/html〉
```

실행결과

회원인 경우 이곳에 입력하세요.
이름: [_____]
e-mail: [_____]
[전송]

회원이 아닌 경우 이곳에 입력하세요.
이름: [_____]
e-mail: [_____]
[전송]

앞서 말한 바와 같이 웹 브라우저가 이 HTML 파일을 읽어 들이면 각각의 태그 객체를 document 객체 안에 생성하는데 이 객체들은 트리 형태로 저장이 된다. 아마도 위의 HTML에서 생성되는 트리는 다음과 같은 모양일 것이다.

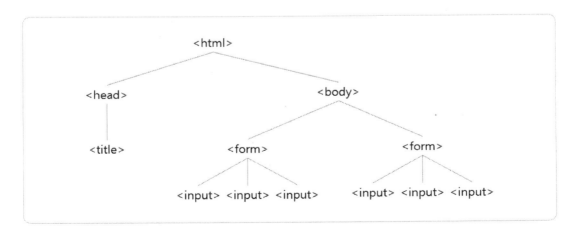

모든 HTML 문서는 이와 같은 형태로 저장되며 이 트리에 접근해서 HTML 문서를

조작할 수 있는 방법들이 미리 정의되어 있는데 이러한 객체 기반의 문서 저장 체제를 DOM(Document Obejct Model)이라고 부른다.

앞서 공부했던 getElementById도 DOM에 접근하기 위한 메서드들 중 대표적인 것으로서, 트리 형태로 저장된 객체들을 뒤져 해당하는 id를 가진 객체를 찾아 리퍼런스를 반환한다.

사실 DOM 트리에서 원하는 객체를 찾는 방법은 몇 가지가 더 있는데 그 중 하나가 getElementsByName이다. 다음과 같이 사용한다.

```
var 변수명 = document.getElementsByName("찾는 객체의 name 속성 값");
```

예를 들어 위 예제의 11번 행에 있는 태그 객체를 가리키는 자바스크립트 변수를 만들기 위해서는 다음과 같이 하면 된다.

```
var name = document.getElementsByName("username")[0];
```

여기에서는 메서드의 이름이 Element가 아니라 Elements와 같이 영어의 복수 형태로 되어 있음에 주의하자. id는 하나의 웹 문서에서 반드시 하나의 태그에서만 사용해야 한다. 하지만 name은 하나의 문서에 여러 번 나올 수 있기 때문에 이 메서드는 배열을 반환한다.

이는 두 개의 속성이 서로 다른 목적을 가지고 정의된 것이기 때문이다. id는 웹 클라이언트인 브라우저에서 각각의 태그 객체를 식별하기 위한 용도로 만들어진 것이다. 하지만 name은 웹 문서에서 입력된 값을 GET 또는 POST 방식으로 웹 서버에 전달할 때 웹 서버가 식별하기 위한 목적으로 만들어 졌다.

혹시 서버 측의 웹 프로그래밍에 대한 지식이 없어서 이 설명이 이해가 가지 않는다면 일단 단순히 "id는 하나의 웹 페이지에서 유일해야 하지만, name은 같은 것이 여러 번 나올 수 있다."는 것만 기억해두자.

이제 "document.getElementsByName("username")[0]"에서 맨 뒤에 있는 "[0]"의 의미를 알 수 있을 것이다. "document.getElementsByName("username")"가 반환하는 배열

의 0번 칸에는 11번 행에 적힌 태그 객체가, 1번 칸에는 18번 행에 적힌 태그 객체의 리퍼런스가 들어 있을 것이다. 둘 다 name 속성 값이 "username"이기 때문이다. 따라서 11번 행에 적힌 태그 객체를 얻기 위해서는 뒤에 "[0]"을 붙여서 0번 칸에 있는 리퍼런스를 얻어야 한다.

그 외에 DOM에서 원하는 태그 객체에 접근하는 방법들을 정리해 보면 다음 표와 같다.

구분	name	id
중복	하나의 웹 문서 안에서 중복 가능	하나의 웹 문서 안에서 유일한 이름
용도	GET/POST방식으로 서버에 전달하는 값을 웹 서버가 식별	자바스크립트에서 식별
사용법	document.getElementsByName("**name**")[0].value	document.getElementById("**id**").value
다른 방법	document.**formName**.**name**.value	document.all.**id**.value **id**.value

"사용법"과 "다른 방법"들은 우리가 접근하려는 태그가 ⟨input⟩ 태그이고, 그 value 값을 읽거나 쓰려고 하는 상황을 가정하고 적은 것이다. 그리고 위에서 "다른 방법"은 표준 메서드인 getElementById나 getElementsByName 메서드를 쓰지 않고 특정한 객체에 접근할 수 있는 다른 방법들을 나열한 것이다. 여기에서 밑줄 친 단어들의 의미는 다음과 같다.

- **name** : 해당 태그의 name 속성 값
- **id** : 해당 태그의 id 속성 값
- **formName** : 해당 태그를 둘러싸고 있는 form 태그의 name 속성 값

예를 들어 예제 11번 행의 태그의 value 값을 "abc"로 바꾸려고 할 때, 아래 코드들은 모두 동일한 동작을 수행한다.

```
document.getElementsByName('username')[0].value = 'abc';
document.member_form.username.value = 'abc';
document.getElementById('member_name').value = 'abc';
```

```
document.all.member_name.value = 'abc';
member_name.value  = 'abc';
```

하지만 HTML의 표준을 정한 사람들이 가장 권장하는 접근 방식은 getElementById 또
는 getElementsByName 메서드를 쓰는 것이므로 웹 표준을 따른다는 생각으로 이것을 쓰
는 것이 좋겠다.

13.3 폼 전송 전 검사

사용자 등록과 같이 웹 페이지에서 양식을 보여주고 입력을 받은 뒤, 입력된 값들을 웹 서
버에 전송하기 위해서는 〈form〉 태그를 사용한다. 그러나 양식에 빈칸을 남겨두거나 잘못
된 입력을 했을 경우에는 자바스크립트에서 전송 전에 이를 알아채고 전송을 막고 사용자에
게 경고 메시지를 띄울 수 있다. 다음 예제를 보자.

예제 13-4 **폼 전송 전 입력 값 검사 (13-4.html)**

```
 1: 〈!DOCTYPE html〉
 2: 〈html〉
 3: 〈head〉
 4:   〈script type="text/javascript"〉
 5:     function check(frm) {
 6:       if (!frm.username.value || !frm.email.value) {
 7:         alert('빈칸 없이 모두 입력하세요.');
 8:         return false;
 9:       }
10:
11:       return true;
12:     }
13:   〈/script〉
14: 〈/head〉
15: 〈body〉
16:   〈form action="member.jsp" name="member_form"
17:       onsubmit="return check(this)"〉
```

```
18:        회원인 경우 이곳에 입력하세요.〈br〉
19:        이름: 〈input type="text" name="username" id="member_name"〉〈br〉
20:        e-mail: 〈input type="text" name="email" id="member_email"〉〈br〉
21:        〈input type="submit" value="전송"〉
22:    〈/form〉
23:    〈br〉〈br〉
24:    〈form action="visitor.jsp" name="visitor_form"
25:        onsubmit="return check(this)"〉
26:        회원이 아닌 경우 이곳에 입력하세요.〈br〉
27:        이름: 〈input type="text" name="username" id="visitor_name"〉〈br〉
28:        e-mail: 〈input type="text" name="email" id="visitor_email"〉〈br〉
29:        〈input type="submit" value="전송"〉
30:    〈/form〉
31:
32: 〈/body〉
33: 〈/html〉
```

이 예제는 예제 13-3에 자바스크립트 코드만 추가한 것이다.

먼저 보아야 할 것은 17, 25번 행의 onsubmit 이벤트 핸들러이다. 폼에서 submit 버튼을 눌러 입력된 데이터가 웹 서버로 전송되기 직전에 이 이벤트 핸들러가 실행된다. 그 내용은 "return check(this)"이다. 이 자리에 return true가 있다면, 이 폼에 입력된 값들은 무조건 그대로 웹 서버로 전송되고, return false가 있었다면 무조건 전송이 취소된다. 따라서이 프로그램에서는 check 함수의 반환 값이 true이면 계속해서 전송이 진행되고, false 이면 전송이 취소된다.

check 함수는 호출할 때 인자가 적혀있는데 this로 되어 있다. 태그 안에서 this를 쓰면 그 태그 객체를 가리키므로 17번 행의 check 호출에는 16~22번 행의 〈form〉 태그 객체가, 25번 행의 check 호출에는 24~30번 행의 〈form〉 태그 객체가 인자로 전달된다. 그리고 이 인자는 5번 행의 frm이라는 매개변수에 전달된다.

그 다음 줄을 보면 frm.username.value라는 표현이 나온다. 폼에 속해있는 태그들은 입력된 값을 전달하기 위해 name 속성을 꼭 사용하게 되므로, id 속성 값을 부여하지 않아도 다음과 같이 접근할 수 있다.

따라서 frm.username.value는 frm이 가리키는 폼 태그 안에 있는 태그들 중, name이 "username"인 태그의 value 값을 의미한다.

앞에서 DOM에 관해 설명하면서 가급적 document.getElementById을 쓰라고 했는데 이런 방식으로 코드를 작성한 이유는 예제를 보면 알 수 있다. 이 페이지에는 두개의 폼이 있는데 모두 username과 email 이라는 입력으로 입력을 받도록 되어 있다. 하지만 각 태그의 id는 모두 다르다.

이러한 경우, document.getElementById를 이용해서 입력 값을 체크 하려면 체크하는 함수도 각각 있어야만 한다. 두 폼에서 이름을 입력받는 태그의 id는 member_name, visitor_name으로 각각 다르기 때문이다. 따라서 두 개의 폼에서 함수를 공유해서 사용하기 위해 검사할 폼 객체를 넘겨주고 name을 이용하는 방식으로 접근한 것이다.

그렇다면 frm.username.value 앞에 !(not)을 붙인 것은 어떤 의미일까? !frm.username.value는 다음 조건식과 같은 의미이다.

자바스크립트에서는 빈 문자열을 false로 생각한다. 따라서 frm.username.value가 ""이면 이 값이 false로 간주되어 !false, 즉 true가 되는 것이다.

나머지는 큰 문제없이 이해할 수 있을 것이다. 두 개의 입력란 중 하나라도 빈 칸이면 경고 표시를 하고 false를 리턴하며, 그렇지 않으면 true를 리턴하여 폼에 입력된 내용 전송이 계속해서 이루어지게 된다.

13.4 태그와 이벤트 핸들러 코드 분리

이제 DOM에 대해 어느 정도 이해했으니 그 동안 작성했던 이벤트 핸들러 형태를 다시 생각해보자. 화면에 버튼을 하나 만들고 이 버튼을 클릭하면 'button click'이라고 경고 대화상자를 띄우는 코드는 다음과 같다.

예제 13-5 **그 동안 사용했던 이벤트 핸들러 형태 (13-5.html)**

```
1: <!DOCTYPE html>
2: <html>
3: <body>
4:    <input type=button value="click" onclick="alert('button click')">
5: </body>
6: </html>
```

너무나 당연하게 작성해오던 이벤트 핸들러의 형태이므로, 도대체 뭐냐 문제냐고 생각하는 독자도 있을 수 있겠다. 실제로 이 예제의 경우에는 이런 형태가 큰 문제가 되지 않을 수도 있겠다. 하지만 실제 웹 사이트를 구축하다 보면 하나의 웹 페이지가 수천 줄이 되는 경우도 종종 생겨나게 된다. 그런 상황을 생각해 보자. 이렇게 HTML 코드와 자바스크립트 코드가 같이 섞여 있으면 프로그램 작성 중에도 혼동이 쉽게 오고, 나중에 뭔가를 수정할 때 HTML 코드와 자바스크립트 코드가 엉켜있는 수천 줄의 소스 코드 사이를 헤매야 한다.

이러한 상황들을 고려하고, 웹 페이지에서 좀 더 세밀하고 자세하게 이벤트를 제어할 수 있는 방법을 제공하기 위하여 2000년 11월, W3C에서 Document Object Model (DOM) 레벨 2 이벤트 명세가 발표 되었다. 이 표준을 따라 예제를 고쳐보면 다음과 같다.

예제 13-6 **새로운 이벤트 핸들러 형태 (13-6.html)**

```
1: <!DOCTYPE html>
2: <html>
3: <body>
4:    <input type=button value="click" id="testbtn">
5:
6:    <script type="text/javascript">
7:        document.getElementById('testbtn').addEventListener('click', runTest);
8:
```

```
 9:        function runTest() {
10:           alert('button click');
11:        }
12:    </script>
13: </body>
14: </html>
```

코드가 오히려 길어진 것 같긴 하지만 4번 행의 태그에서는 자바스크립트 코드가 깨끗이 제거되었다. 이렇게 HTML 파트에서는 웹 페이지에 표시될 내용만을 기술하고, 그것이 어떤 스타일로 나타날지는 CSS에 분리해서 기술하며, 그 동작에 관련된 코드를 자바스크립트 파트로 분리하는 것이 최근의 추세이다.

이제 코드를 살펴보자. 이벤트가 발생할 수 있는 모든 태그 객체는 addEventListener 메서드를 가지며, 이를 이용해서 이벤트 핸들러를 지정할 수 있다. 그 사용법은 다음과 같다.

addEventListener(이벤트 이름, 이벤트 핸들러 함수);

예제의 7번 행에 적은 이벤트 이름은 'click'이다. "onclick"이 아니라는 점에 주의하기 바란다. addEventListener 메서드를 사용할 때에는 그 동안 우리가 알고 있던 모든 이벤트 이름의 앞에 붙어 있던 "on"을 떼어 주어야 한다.

그 다음에는 이 이벤트가 발생했을 때 실행할 자바스크립트 함수가 들어간다. 여기에 runTest를 적었으므로, 아이디가 testbtn인 버튼에 'click' 이벤트가 발생할 때마다 runTest 함수가 실행된다.

이제 소스 코드를 조금만 더 정리하고 마치도록 하자. 만약 함수 runTest가 7번 행에서 이벤트 핸들러로 지정하는 것 외에 아무데도 사용되지 않는다면 다음과 같이 코드를 줄여 쓸 수 있다.

```
1: <!DOCTYPE html>
2: <html>
3: <body>
4:   <input type=button value="click" id="testbtn">
5:
6:   <script type="text/javascript">
7:      document.getElementById('testbtn').addEventListener('click', function() {
8:         alert('button click');
9:      });
10:  </script>
11: </body>
12: </html>
```

예제 13-6의 7번 행에서 함수 이름인 runTest가 적혀 있던 부분에 함수의 정의를 대신 박아 넣은 점만 다르다는 것을 알 수 있을 것이다. 함수명이 들어가 있던 자리가 비어있는 것이 좀 어색할 수도 있을 텐데, 이 코드는 아무 문제없이 동작한다. 이 함수는 이벤트 핸들러로 사용될 뿐, 다른 곳에서 runTest라는 이름으로 호출될 일이 없다. 이런 경우 자바스크립트에서는 함수를 이름을 생략하고 이름 없는 함수를 쓰는 것을 허용해주기 때문이다.

확인학습

01 현재 창에 문자열 "abc"를 출력하는 자바스크립트 코드를 쓰시오. 단, 아무 단어도 생략하지 않은 write 메서드의 완전한 이름을 사용해야 합니다.

02 지정된 id를 가지는 태그 객체를 찾는 방법을 적어 보시오.

03 if (!frm.username.value)의 의미는?

04 addEventListener 메서드의 사용법을 적어 보시오.

확인학습 정답

01 window.document.write("abc");

02 document.getElementById("찾는 객체의 id 속성 값")

03 frm.username.value이 빈 문자열이면

04 addEventListener(이벤트 이름, 이벤트 핸들러 함수);

01 예제 13-1을 수정해서 새로 열린 창에 "창 닫기" 버튼을 만들어 보시오. 이 버튼을 누르면 새로 열린 창이 닫혀야 합니다.

02-1 그림 파일을 두 개 미리 준비한 뒤, 화면에 "그림 바꾸기" 버튼 하나와 그림 하나를 출력하는 프로그램을 작성하시오. 단 "그림 바꾸기" 버튼을 누르면 화면에 표시된 그림이 다른 그림으로 바뀌도록 해야 한다. 〈img〉 태그에는 표시할 그림 파일을 지정하는 src 속성이 있는데 이 속성 값이 바뀌면 표시되는 그림도 바뀌는 점을 이용하면 된다.

02-2 예제 13-2의 17번 행을 다음과 같이 수정한 뒤, 사각형의 넓이가 텍스트 입력 상자가 아니라 새로 만들어 넣은 span 태그로 출력되도록 9번 행의 코드를 수정해 보시오. 〈span〉...〈/span〉이나 〈div〉...〈/div〉 사이에 들어 있는 문자열은 해당 태그의 innerHTML 속성을 이용해서 바꿀 수 있다. (value 속성이 아님)

> 사각형의 넓이 : 〈span id="result"〉〈/span〉

03 예제 13-4를 수정하여, e-mail 입력란에 "@" 문자가 없으면 "e-mail을 바르게 입력하시오"라고 출력하도록 해 보시오.

04-1 위 문제 1의 정답을 수정하여 addEventListener 메서드를 이용해서 이벤트 핸들러가 등록되도록 하시오.

04-2 11장의 예제 11-2은 전화번호를 입력받다가 숫자와 '–' 외의 다른 키가 눌리는지를 체크하는 프로그램이었다. 이 예제를 수정하여 addEventListener 메서드를 이용해서 이벤트 핸들러가 등록되도록 하시오.

이성욱

- 1994년 아주대학교 컴퓨터공학과 졸업(학사)
- 1996년 아주대학교 대학원 교통공학과 졸업(석사)
- 2003년 아주대학교 대학원 컴퓨터공학과 졸업(박사)
- 2003-현재 신구대학교 IT미디어과 교수

장종준

- 1982년 서울대학교 계산통계학과 졸업(학사)
- 1990년 서울대학교 대학원 계산통계학과 졸업(석사)
- 2007년 아주대학교 정보통신대학원(박사과정 수료)
- 1982년-1990년 금성통신연구소 TDX 개발단
- 1990-현재 신구대학교 IT미디어과 교수

프로그래밍 입문자를 위한 자바스크립트

1판 1쇄 발행 2016년 08월 20일
1판 2쇄 발행 2021년 04월 20일
저   자 이성욱·장종준
발 행 인 이범만
발 행 처 **21세기사** (제406-00015호)
       경기도 파주시 산남로 72-16 (10882)
       Tel. 031-942-7861   Fax. 031-942-7864
       E-mail : 21cbook@naver.com
       Home-page : www.21cbook.co.kr
       ISBN 978-89-8468-686-1

정가 20,000원